超図解クラウドサイン入門

弁護士ドットコム
クラウドサイン 編

これからの
100年、
新しい契約の
かたち。

JN077587

日本能率協会マネジメントセンター

まえがき

・・・

　2020年の新型コロナウイルス感染症（COVID-19）の拡大により、あらゆる企業においてテレワークの推進が求められました。しかし、日本の商慣習を支えてきた「ハンコ文化」がそれに対する思わぬ障害となったのは、記憶に新しいことと思います。

　そんな中、政府より「脱ハンコ」の必要性が説かれ、クラウド型電子契約サービス、その中でも弊社弁護士ドットコムが運営する「クラウドサイン」に注目が集まっています。

　クラウドサインは、2015年よりサービスを開始し、日本のクラウド型電子契約の先駆け的存在としてトップクラスの利用実績およびご評価をいただいていたものの、一部の業界・企業においてはご利用が進まない実態もありました。それが1年あまりで約2倍に利用が拡大したのはなぜでしょうか。

　これには、テレワーク推進のニーズの高まりに加え、クラウド型電子契約の法的有効性が不明確であった電子署名法について、政府がその有効性を認める新たな解釈を2020年7月・9月に発信したことが大きな理由となっています。さらに、2021年2月には、総務省・法務省・経済産業省そして財務省より、国と民間企業との契約においてもクラウドサインが利用可能であることを認める見解が公式に出され、安心してご利用いただけるようになったことも、大きく影響しています。

　本書『超図解 クラウドサイン入門』では、日本において電子契約の普及が進まなかった理由と、これを解消する事業者署名型電子契約サービスの特徴について、「クラウドサイン」を具体例として取り上げながら、図表を豊富に用いて、法律面・技術面の両面からできるだけわかりやすく解説します。

目次

第3章
クラウドサインでの電子契約の手順

第4章
電子契約のしくみ

第5章
電子契約を活用できる契約類型

第6章
電子契約のリスクと対策

第 9 章
電子契約の導入

第1章 電子契約が求められる理由

電子契約とは

電子署名した電子ファイルをネット上で交換し契約を証拠化

電子契約とは、**電子署名を施した電子ファイルをインターネット上で交換して、企業が保有するサーバーやクラウドストレージなどに保管しておく契約方式**です。

　従来の契約では、契約内容を記載した紙に「押印」や「手書き署名」を行いました。電子契約では、それらの代わりにパソコンやスマートフォンなどのデバイスを使い、暗号技術を応用した「電子署名」を電子ファイルに施すことで、スピーディかつ安全に当事者の合意の証拠を残せます。

　電子契約は、**押印や手書き署名で作成された書面の契約書と同様に、裁判で証拠として扱われます**。たとえば、約束どおりに商品を納品したのに、事前に合意した対価を期日までに相手が支払ってくれない場合、締結済みの電子契約を裁判所に証拠として提出すれば、裁判所は相手方に電子契約に定めた対価を支払うように判決を下してくれます。

　電子契約を締結するには、パソコンやスマートフォンなどのデバイスやインターネット回線に加え、当事者全員が電子署名を施して交換するためのソフトウェアが必要でした。現在、多数の民間事業者がこの電子署名用のソフトウェアをクラウド化して SaaS（Software As A Service）として提供しています。そのうちの1つとして本書で紹介するのが、日本でトップクラスのシェアを有する電子契約サービス「クラウドサイン」です。

　電子契約サービスには、大きく分けて**「当事者署名型」と「事業者署名型」の2つのタイプ**があります。

　前者の当事者署名型は、署名用の「鍵」と鍵に対応する「電子証明書」を、当事者双方が事前に準備しておく必要があります。

　これに対し、事業者署名型は、クラウド事業者が鍵や電子証明書を提供するため、当事者の負担が軽減されます。

　こうした特徴から、事業者署名型の電子契約サービスが世界的にも主流になっています。

当事者署名型と事業者署名型

当事者署名型

ローカル署名
電子署名法成立時の技術

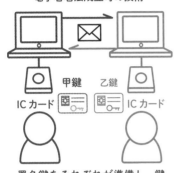

署名鍵をそれぞれが準備し、鍵を格納した物件（ICカード等）を保有している必要あり

リモート署名
鍵を物件からサーバーへ

署名鍵をサーバー上で管理するため物件（ICカード等）に縛られないが、署名鍵を準備する手間は残る

事業者署名型

クラウド署名
物件・署名鍵の
ユーザー負担ゼロに

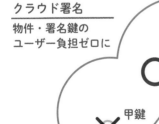

署名鍵をクラウド事業者が準備して提供するため、利用者はその事業者に署名指図を行うだけ

電子契約の普及状況

企業における電子契約の採用率は約 67.2%

こ れまで、紙と印鑑による契約が長年の慣習として定着してきた日本において、電子契約の普及状況はどの程度なのでしょうか。

『企業 IT 利活用動向調査 2021 速報結果』（JIPDEC ／株式会社アイ・ティ・アール）によれば、クラウドサインをはじめとする電子契約を利用している企業の割合は、2021 年 1 月時点の調査結果で 67.2% となっています。

日本では、2020 年 2 月以降に新型コロナウイルス感染症が拡大し、企業のテレワークが本格化したのは、さらにその 2 ヶ月後の 4 月 7 日に発出された緊急事態宣言以降でした。この点を踏まえると、電子契約サービスの採用率は、今後も加速・拡大していくことは間違いありません。

また、矢野経済研究所の『電子契約サービス市場に関する調査（2020）』によれば、電子契約サービス市場は、2017 年から 2024 年までの CAGR が 37.8% と順調に拡大し、2024 年には 264 億円に達すると予測されています。

クラウドサインはこうした市場環境の中、導入社数 15 万社、累計送信件数 500 万件を突破（2021 年 5 月現在）。電子契約サービス市場でトップクラスの利用実績を積み重ねています。

電子契約の動向

電子契約の利用状況

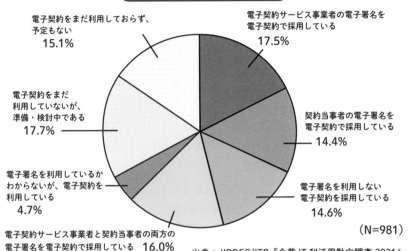

電子契約をまだ利用しておらず、予定もない
15.1%

電子契約サービス事業者の電子署名を電子契約で採用している
17.5%

電子契約をまだ利用していないが、準備・検討中である
17.7%

契約当事者の電子署名を電子契約で採用している
14.4%

電子署名を利用しているかわからないが、電子契約を利用している
4.7%

電子署名を利用しない電子契約を採用している
14.6%

電子契約サービス事業者と契約当事者の両方の電子署名を電子契約で採用している　**16.0%**

（N=981）

出典：JIPDEC/ITR『企業IT利活用動向調査2021』

電子契約サービス市場規模推移・予測

単位：百万円、%

		2017年	2018年	2019年	2020年予測	2021年予測	2022年予測	2023年予測	2024年予測
市場規模		2,800	3,900	6,800	10,800	17,500	21,000	24,000	26,400
	前年比	—	139.3%	174.4%	158.8%	162.0%	120.0%	114.3%	110.0%
	CAGR	—	39.3%	55.8%	56.8%	58.1%	49.6%	43.1%	37.8%

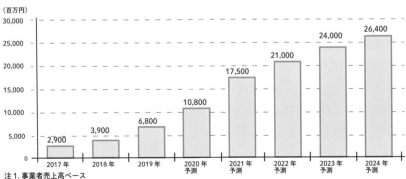

（百万円）

2,900　3,900　6,800　10,800　17,500　21,000　24,000　26,400

2017年　2018年　2019年　2020年予測　2021年予測　2022年予測　2023年予測　2024年予測

注1. 事業者売上高ベース
注2. 2020年以降は予測値
注3. 表内のCAGRは、2017年から当該年までの年平均成長率

出典：株式会社矢野経済研究所「電子契約サービス市場に関する調査（2020年）」（2020年11月24日発表）

従来の押印による
契約と問題点

印刷製本・押印・郵送・保管のコストと滅失リスク

契約書を Word などで作成し、押印のために書面で締結する場合、**印刷費や郵送費、さらには製本や封入の作業にかかる人件費、書類の保管費などのさまざまなコスト**が発生します。1 件あたりの費用は数百円から数千円程度に過ぎませんが、契約の数によって、毎月数十万円以上の費用になることもあります。

契約書への押印後、取引相手に郵送して押印してもらい、さらに原本を返送してもらうことも必要です。自社だけでなく相手方の対応期間と物理的な移動時間も含めると、**契約締結までには 2 ～ 3 週間**かかることも少なくありません。途中で契約内容の変更や訂正などが発生すれば、印刷からやり直すことになり、二重、三重の手間が発生します。

締結後に、監査への対応などで過去の契約内容を確認する時は、**倉庫やキャビネットから押印した契約書を探し出し、物理的に取り出す必要**も出てきます。書類に番号をつけて管理表で適切に整理していなければ、保管場所を見つけるまでに多くの時間がかかります。また、書類を外部倉庫に保管している場合、担当者が実際にその場所に移動して確認することや、保管庫から契約書を郵送で取り寄せる手間や時間もかかります。

さらに書面の契約書原本を倉庫やキャビネットに保管していても、後日取り出して確認した場合にそのことが記録から漏れてしまい、そのまま**原本を紛失**する場合もあります。日々多くの書類の受け渡しがある企業では、どの契約書を、いま誰がどの場所で取り扱っているのかを把握して追跡することは、現実にはむずかしいのではないでしょうか。

大切に保管していた契約書原本が、**火災事故や風水害などによって倉庫や保管庫ごと破壊され、復元できなくなる可能性**もあります。2001 年に発生した東日本大震災の被災地では、役所で保管された公文書が津波に流されてしまい、滅失や毀損などの被害に遭いました。

従来の契約書にかかるコストとリスク

契約に必要な作業

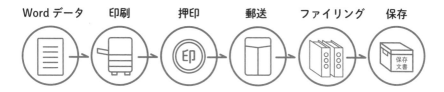

Word データ　印刷　押印　郵送　ファイリング　保存

契約に必要なコスト

書面を取り交わして保管する場合、印紙代を除いても
1 契約につき 700 円以上のコストがかかっていると
想定されます。

人件費：260 円
印刷、郵送、保管を時給 2,000 円以上の人が
8 分間かけて行った場合の金額

郵送費：370 円
レターパックで郵送した場合の金額

その他：100 円
封筒・用紙・印刷・保管（7 年間）等に
かかる金額

書面 1 件あたり
700 円以上
＋
印紙税

リスク

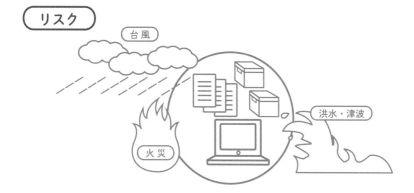

台風

洪水・津波

火災

電子署名以前の電子契約

電子署名以前のオンライン利用の契約

電子署名は、日本でも 2001 年から法制度が整備されたものの、2015 年にクラウド型電子契約サービスが登場するまで、特定の業界を除いてはほとんど普及していませんでした。

しかし、その間オンラインの契約ニーズがなかったかというと、そうではありません。特に外国企業との契約では、国際郵便で契約書を送付して返信を待っていては、ビジネスのスピードに追いつきません。

このような**企業間の国際取引で採用されたのが、「スキャン PDF 交換方式」**です。スキャン PDF 交換方式では、直筆でサインした契約書スキャナーで取り込んで PDF ファイルを作成し、電子メールで交換します。契約書の原本はあくまで直筆サインされた紙の契約書なので、電子メールでの交換後に、万が一の紛争に備えて、原本は後日、相手方に郵送することもありました。

やがて電子メールや PDF ファイルの信頼性が認知されると、信頼関係のある相手方との間では紙の原本は交換せず、PDF ファイルをそのまま原本として取り扱う運用が広がっていきました（この場合、契約書には「本契約書の PDF ファイルを添付した電子メールで交換することができ、原本とみなされる」と記載して、あらかじめ合意しておきます）。

一方でこれらの方法での契約に課題がなかったわけではありません。

サインが画像データとして取り込まれただけの PDF ファイルは、本人の意思でその契約書に合意したかがわかりにくく、文書が改ざんされていないことを裁判所が認める保証もありません。

そこで、署名者が誰か、署名後に文書が改ざんされていないことを技術的に確認・立証できる手段としての電子署名が求められました。

国際取引で多用されていた「スキャンPDF交換方式」

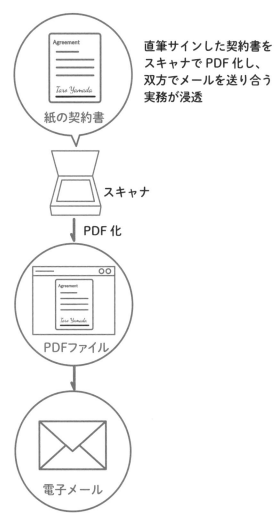

直筆サインした契約書を
スキャナでPDF化し、
双方でメールを送り合う
実務が浸透

紙の契約書

スキャナ

PDF化

PDFファイル

電子メール

ただし……
山田太郎（Taro Yamada）の直筆サインをスキャンして
PDFファイルにしても単なる画像データにすぎず、
「作成者が誰か？」「作成後に文書が改変されていないか？」
は、画像だけでは不明

これらを技術的に確認・立証できる手段として電子署名のニーズが高まる

事業者署名型電子契約の普及

事業者署名型の登場で受入率が高まる

1-1 でも触れたとおり、電子契約には大きく分けて「当事者署名型」と「事業者署名型」の2つのタイプがあります。このうち、**企業間取引の多くで用いられ、現在主流となっているのは事業者署名型**です。

では、なぜ事業者署名型が主流となったのでしょうか。その特徴とメリットをひとことでいえば、**「受信者（電子契約の相手方）に対して負担やコストが発生しない」**という点です。

当事者署名型では、契約当事者の両者それぞれが自分で「認証局」と呼ばれる第三者機関で手続きして、事前に身元確認を受けたうえで署名鍵と電子証明書の発行を受ける必要があります。

当事者署名型は、第三者である認証局が身元確認をするため安心感がありますが、住民票や印鑑証明書を提出するなどの手間とコストがかかります。これから電子契約を結ぶというタイミングで余計な事務手続きが発生すれば、「面倒だから、これまでどおり紙と印鑑で契約しましょう」と電子化を拒絶されても無理はありません。

一方、**事業者署名型では、こうした認証局への手続きが不要**です。**両者がクラウドに接続できる環境さえあれば、すぐに電子契約が締結できます。**その代わりに、契約当事者の本人確認はメールアドレス認証に加え、アクセスコードやアプリによる2要素認証などを組み合わせたり、別途身分証明書を確認したりなど、当事者同士が選択して行います。

署名型の使い分けについて、これまで実印の押印を求めて印鑑証明書を提出させていた契約や、取引上まだ信用がない相手と特に慎重に締結したい契約では、身元確認のプロセスを第三者に依存する当事者署名型の採用を検討してもよいでしょう。

しかし、取引を通じてすでに信頼関係がある相手について、印鑑証明書と印影を毎回、照合することはほとんどありません。こうした取引では、法的に有効な事業者署名型電子契約サービスで十分と判断して、多くの企業が利用するようになったのです。

当事者署名型電子契約の現実

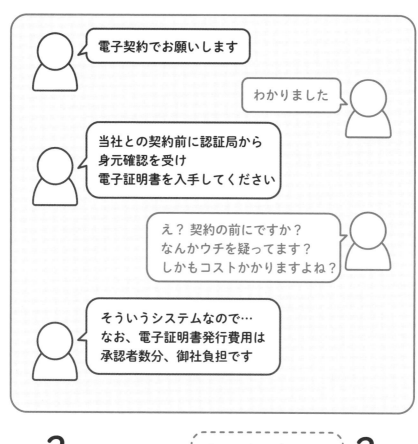

電子契約でお願いします

わかりました

当社との契約前に認証局から
身元確認を受け
電子証明書を入手してください

え？契約の前にですか？
なんかウチを疑ってます？
しかもコストかかりますよね？

そういうシステムなので…
なお、電子証明書発行費用は
承認者数分、御社負担です

？

これを取引先企業
すべてにお願いして
いくのか…

なんでウチが
コスト負担を？
印鑑ならタダなのに…

？

役員・部長・
課長全員に認証受け
させるなんてムリ！

押印に対する政府の対応

政府が「押印がなくとも契約は有効」と公式見解

2020 年に入り、新型コロナ感染症（COVID-19）の影響が日本でも拡大し、民間企業はもちろんのこと、行政機関もテレワークを求められるようになりました。しかしテレワーク推進の足枷となったのが、デジタル化が進んでいない書面・押印・対面を伴う業務の存在でした。

それ以前の日本では、商品の受発注や契約の取り交わし、行政手続きなどのあらゆる場面で「書面への押印」が正しいものとされてきました。それに伴い、企業同士の商談や役所への手続きも対面で行うことを当然とする慣習が根強く存在していました。

IT 業界などの一部の業界では、デジタル化を推進する業務のデジタルトランスフォーメーション（DX）が進んでいたため、感染症の拡大に応じて在宅のテレワークへとスムーズに移行できました。しかし、そうでない業界では書面に印鑑を押印し、取引先や役所に届けたり、受け取ったりするために役員や従業員の出社が必要で、テレワークもままならない事態が発生しました。

2020 年 4 月に首都圏を中心に発令された緊急事態宣言以降、政府もこの問題を重要視するようになります。規制改革推進会議などでの議論を踏まえ、大きく報じられたのが、同年 6 月、内閣府・法務省・経済産業省が発出した『押印についての Q&A』です。

政府は、この文書の中で契約に押印が必須ではないことを明らかにするだけでなく、電子署名や PDF ファイルを活用し押印を省略する方法も解説して、押印にこだわる商慣習の見直し（「脱ハンコ」）を呼びかけました。

さらに政府は、行政手続きでの押印手続きについても抜本的な見直しを行い、同年 11 月に『押印を求める行政手続の見直し方針』をとりまとめ、全 14,992 の行政手続きのうち 99% 超の押印義務の廃止を決定しました。

こうした政府の機動的な対応によって、行政はもちろんのこと、民間企業における押印業務の見直しの機運が高まり、官民双方への電子契約サービス導入が加速度的に進んでいます。

押印に対する政府の対応

2020年
4月7日
東京、神奈川、埼玉、千葉、大阪、兵庫、福岡の7都府県に
緊急事態宣言（16日に対象を全国に拡大）

4月28日
経済財政諮問会議にて安倍首相（当時）より、デジタル化に
向けた法制度や習慣の見直しを指示

5月29日
法務省が会社法施行規則の解釈を明らかにし、クラウドサイ
ンによる電子署名が取締役会議事録作成に用いる電子署名と
して適法であることを認定

6月15日
商業登記のオンライン申請において、クラウドサインで電子
署名を施した取締役会議事録や契約書面を添付書類とするこ
とが可能に

6月19日
内閣府・法務省・経済産業省が「押印についてのQ&A」を公表、
押印の効果が限定的であることを明言し電子契約等の
利用促進を提示

7月17日
総務省・法務省・経済産業省が「利用者の指示に基づきサー
ビス提供事業者自身の署名鍵により暗号化等を行う電子契約
サービスに関するQ&A」を公表

9月4日
総務省・法務省・経済産業省が「利用者の指示に基づきサー
ビス提供事業者自身の署名鍵により暗号化等を行う電子契約
サービスに関するQ&A（電子署名法第3条関係）」を公表

11月13日
内閣府が「押印を求める行政手続の見直し方針」を公表

法律業務の
テクノロジー化

クラウドや AI の活用が進む

電子契約サービスの普及からはじまった法律業務のテクノロジー化は、契約締結の周辺領域にもだんだんと広がりを見せつつあります。特にその効果が顕著に体感でき、採用企業も増えつつあるのが、**クラウドやAIといった先進技術を活用した契約書作成業務の効率化**です。

これまでの契約書の作成は、法務部門を擁する大企業が自社に有利に作成したひな形をベースに、Word ファイルに履歴を残しながら双方の法務担当者が交渉結果を反映した修正を行い、電子メールでファイルをなんども交換しながら最終案をまとめていました。

その後の急速なクラウドと AI の進展により、あらゆる契約書を AI が瞬時に内容を読み取り、「有利」「不利」などを判定して修正のアドバイスをしてくれるサービスや、クラウド上にアップロードすると過去締結済みの契約書から類似条項を検索して法務担当者の修正作業をサポートするサービス、同僚の法務担当者と修正案に関する相談履歴を残しつつ修正契約書のバージョン管理ができるサービスなどが生まれはじめています。

こうした**テクノロジーで法律業務の生産性を向上させるサービスは、一般に「リーガルテック」**と呼ばれます。契約関連業務だけではなく、特許技術の調査をサポートするサービスや、オンラインを使って低コストで相手方との紛争解決に向けて協議できるサービスも生まれました。現在、これらのほとんどは企業向けサービスですが、これまでは専門家への相談を躊躇し泣き寝入りしたような個人に対して、法的な解決手段を提供するリーガルテックサービスなども出てくるでしょう。

これに加えて、**政府や最高裁判所が、裁判手続きの IT 化や判決文のデジタル化など、司法の IT 化に向けた取り組み**を進めています。この分野でのデジタル化が進むと、法令や判例がビッグデータとして機械学習にも活用できるようになり、さらに高品質なサービスが提供されるようになるでしょう。

日本で定評のあるリーガルテック

LAWGUE https://lawgue.com/	AI 契約 エディタ	雛形や締結済の類似契約書等の検索、Word 履歴参照、担当者間メールの往復といった非効率業務から解放する、法務職向けクラウドエディタ。
Hubble https://hubble-docs.com/	契約書 バージョン 管理	Word で作成した文書を、GitHub のようなインターフェースで修正履歴・コメントを記録できるバージョン管理サービス。
AI-CON https://ai-con.lawyer/	AI 契約 レビュー	AI が契約リスクを判定し、修正条項案を提示。企業独自の条項チェックルール（プレイブック）をレビューに反映する AI-CON Pro も提供。
Legalforce https://legalforce-cloud.com/	AI 契約 レビュー	定型的な契約書のレビュー業務を AI により効率化するクラウドサービス。 不利な条文や欠落条項を指摘し、弁護士監修条文例を表示。
Holmes Cloud https://www.holmescloud. com/	契約 マネジメント	企業の契約業務全般の最適化を目指す契約マネジメントシステム。 契約書を軸に社内のコミュニケーションログとナレッジを管理できる。
RICOH CWS https://www.ricoh.co.jp/ service/cws/	契約 マネジメント	相談内容や回答内容を記録し、法務担当者間でのナレッジとして共有。 契約期限管理、文書保管・検索、AI を用いた契約書比較も可能。
LegalScript https://legal-script.com/	登記申請 サポート	ガイドに沿って情報を入力するだけで会社設立が可能。 本店移転等会社運営に関する登記手続きをウェブ上で低価格に行える。
Graffer https://graffer.jp/ governments/	行政手続 サポート	モバイルに最適化されたシンプルで高機能な申請フォームを自治体に提供。 個人からのあらゆる行政手続をスマートフォンで完結させる。
Business Lawyers Library https://www. businesslawyers.jp/lib/	法律文献 リサーチ	日本最大級の企業法務ポータルサイト「Business Lawyers」による、法律書籍・法律雑誌の Web 閲覧サブスクリプションサービス。
AI-Samurai https://aisamurai.co.jp/ landingpage/	AI 特許調査	AI を用いた特許の先行技術・クリアランス・無効資料調査ができるほか、知財戦略 MAP 作成機能も持つ。
Toreru https://toreru.jp/	AI 商標出願	AI と弁理士が登録可能性を評価。 出願後は商標ごとの登録査定までのスケジュールもクラウド上の管理画面で管理。

第2章
電子契約のメリット・デメリット

電子契約のメリット

紙よりも速くて安全、データ活用も可能に

明治時代に印鑑登録制度がはじまり、紙と印鑑で契約する日本の商習慣は 100 年以上続きました。Windows の普及でパソコンやインターネットが身近になっても、この商習慣は変わりませんでしたが、2015 年以降、電子契約は急速に普及しはじめました。100 年以上続いた商習慣を変えてでも、速く、安全に契約が締結できる電子契約のメリットが社会に理解され、受け入れられたためです。

物理的な紙と印鑑を用いた契約では、場所や時間に大きな制約が生まれます。具体的には、プリンターがある場所で契約内容を紙という媒体に印刷して、ページの差し替えを防ぐために袋とじ製本を行い、金庫に保管する印章を取り出して押印し、相手に郵送して同じ作業を行ってもらうなどの作業があります。

企業相手では、社内でも確認や手続きで書類の移動が発生するため、2 者間で契約書を取り交わし調印する作業で 2 週間程度かかることは珍しくありません。また、契約締結後も、契約書の紛失や改ざんを防ぐために、鍵のかかる書庫などに保管することになります。

一方、**物理的な印刷や押印の必要がない電子契約**では、こうした場所や時間の制約は発生しません。いつでも、どこでも、瞬時に契約内容をパソコンやスマートフォンなどで契約相手と送受信しながら確認でき、契約締結後も、最先端の暗号技術によりファイルの改ざんを防ぐことができます。紙と印鑑の場合では 2 週間以上かかったやりとりの時間は数分間に短縮されます。メールやドメイン連動の本人認証、電子署名、タイムスタンプなどの技術によってコンプライアンスとセキュリティも確保できます。

さらに、**契約内容が機械可読（マシンリーダブル）になることで、紙と印鑑での契約ではできないデータ活用の道も拓け**ます。企業間で取り交わされる大量の契約情報がビッグデータとして扱えれば、AI で自社の契約条件を分析してグラフ化し、経営者が契約リスクの上昇や下降を瞬時に把握することも可能になります。

契約書を物理的制約から解放し、データとして活用可能に

従来の紙と印鑑での契約締結

印刷 〉製本 〉押印 〉封入 〉郵送 〉(先方)押印 〉(先方)返送 〉ファイリング 〉保管

クラウドサインでの契約締結

契約合意 〉PDFアップロード 〉メール通知 〉締結 〉自動保管 〉作業時間を大幅削減！

AI で自動解析・自動入力

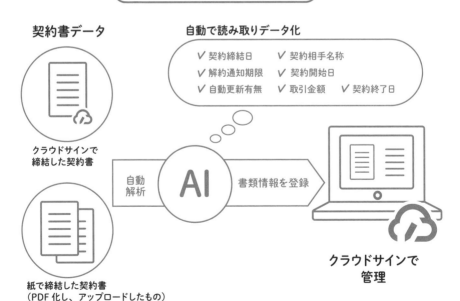

契約書データ

クラウドサインで締結した契約書

紙で締結した契約書
（PDF 化し、アップロードしたもの）

自動で読み取りデータ化

✔ 契約締結日　✔ 契約相手名称
✔ 解約通知期限　✔ 契約開始日
✔ 自動更新有無　✔ 取引金額　✔ 契約終了日

自動解析

AI

書類情報を登録

クラウドサインで管理

電子契約のメリット1
契約書の押印作業が不要

印刷・製本・袋とじ作業なども不要

A4用紙1枚で取り交わすようなかんたんな契約書や覚書ならよいのですが、企業が締結する契約書となると、条項数は15〜30条ほど、ページ数も5〜10ページにわたるものがほとんどです。そのような契約で、一部のページが相手側にこっそりと書き換えられ、差し替えられたとします。その場合、契約内容の紛争が起きて裁判になれば、締結当時にどんな合意を本当にしたのかを立証するのはむずかしくなってしまいます。

そのため、複数ページにわたる契約書を作成する際には、すべてのページを一体化した文書として安全に保存し、改ざんされない状態で保存できるように、製本と袋とじ作業を行ったうえで押印します。

具体的には、複数ページの左側を袋とじ処理し、さらにその袋部分にかかるように当事者全員が契印（割印）します。もし、後で悪意のある人が一部のページを差し替えようとすれば、袋とじが破壊されて当事者が気づけるため、結果的にトラブルが発生しにくくなる、というわけです。しかし実際に経験するとわかりますが、袋とじの処理はかなり面倒な作業です。簡易的に袋とじができる契約書用の製本シールなども販売されているものの、当事者分の契約書を印刷し、丁寧に製本をするだけで10〜30分程度はかかります。さらに袋とじとして完成させるために契約当事者全員が契約締結に用いる印鑑で契印を押す必要があるため、契約相手方に送付する必要もあります。

クラウドサインのような電子契約では、電子ファイルのまま取り扱えるので、印刷が不要になるのはもちろん、電子署名で用いる暗号技術を使って、記載された契約内容の文字を1文字でも改変すればすぐに検知します。こうした技術により、紙の契約書では必要な製本や袋とじの作業がまるごと不要になりました。

改ざん防止の作業も電子契約なら一切不要

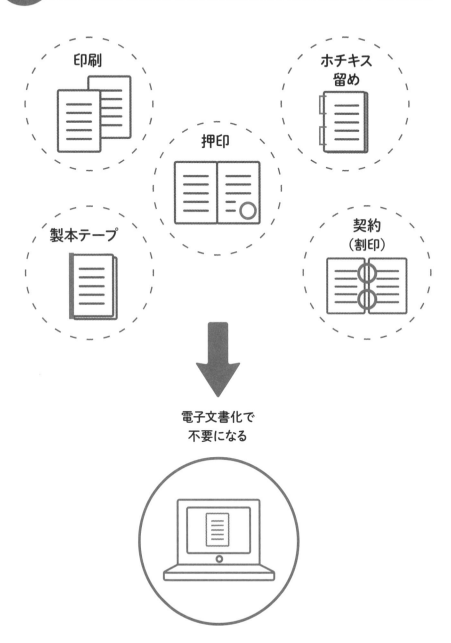

印刷

押印

ホチキス
留め

製本テープ

契約
（割印）

電子文書化で
不要になる

電子契約のメリット2
収入印紙が不要

電子契約では印紙税が課されない

収入印紙とは、印紙税に代表される租税・手数料やその他の収納金を徴収するために国（政府）が発行する証票です。契約書や領収書などの文書を書面で作成すると、「印紙税」と呼ばれる税金が発生し、その税額の収入印紙を購入、貼付して納税する義務を負います。

たとえば、仕事の完成と引き換えに対価を支払う請負契約書を作成した場合、その契約金額によって200円から最大60万円の印紙を貼る必要があります。建設工事のような有形の成果物を伴う契約はもちろん、サーバーシステムの構築、講演の実施、警備・機械保守・清掃といった無形のサービス契約でも、印紙税の納税義務は広く課されています。

また、3ヶ月を超える継続的取引の基本となる契約書を締結した場合、契約金額にかかわらず4千円の印紙を貼付する義務が発生します。

万が一、印紙税の納付漏れが発覚した場合にはペナルティもあります。納付すべきだった3倍の金額（納付漏れの印紙税の金額とさらに2倍相当の金額との合計額）が過怠税として徴収されます。

このように、契約締結にさらに負担を課すのが印紙税の納付義務ですが、**クラウドサインのような電子契約を利用すると、印紙税が課税されず、収入印紙は不要**となります。印紙税に関する法令では、「紙の書面に契約内容を記載して相手方に交付した時に印紙税の納税義務が発生する」ことが規定されていますが、電子契約では課税の対象物である紙の書面がそもそも発生しないからです。

電子契約のように電磁的記録を作成した契約行為について、印紙税の課税対象とならないという見解は、国税局の解釈や国会答弁によっても確認されています。**今後、法改正などが行われないかぎり、課税されることはありません**。

電子契約では印紙税が不課税に

請負契約を書面で締結した場合の印紙税額

契約金額	印紙税額
契約金の記載がない	200 円
1 万円未満	非課税
1 万円以上 100 万円以下	200 円
100 万円超 200 万円以下	400 円
200 万円超 300 万円以下	1,000 円
300 万円超 500 万円以下	2,000 円
500 万円超 1,000 万円以下	1 万円
1,000 万円超 5,000 万円以下	2 万円
5,000 万円超 1 億円以下	6 万円
1 億円超 5 億円以下	10 万円
5 億円超 10 億円以下	20 万円
10 億円超 50 億円以下	40 万円
50 億円超	60 万円

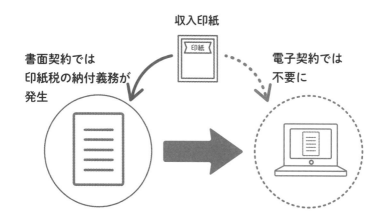

電子契約のメリット3
郵送費が不要

電子化で郵送コストがなくなる

契約書を電子化することによって生まれるメリットは、移動にかかる時間の短縮や収入印紙の費用の削減だけではありません。

一見すると目立たないものの、書類のやりとりの多い企業では地味にかさんでしまう**郵送費についても、電子契約を導入すれば確実にコストを削減**できます。

契約書は大切な文書のため、普通郵便で送るのではなく、相手方に届いたかどうかの確証が必要です。契約書を受け取る相手も、普通郵便で配達されると不安に感じるかもしれません。情報セキュリティの観点から、重要書類は追跡できる送付手段で送るように社内規程で義務づけられている会社も少なくないはずです。

また、契約書を相手方に送り届ける時、送付手段の選択を誤れば法律違反になる場合があります。契約書は、郵便法や信書便法に規定された「信書」（特定の受取人に対し、差出人の意思を表示し、または事実を通知する文書）に該当します。信書を送付する場合、「原則として日本郵便株式会社が提供する郵便事業によってのみ送付できる」と法律で定められているのです。

紛失等に備えて追跡できかつ適法な送付手段としては、書留かレターパックがあります。送料は、いちばん手軽なレターパックライトで片道370円、往復の郵送費用を負担すれば740円のコストがかかります。送付状をつけたり、宛名書きをしたりといった人件費なども加えると、さらにコストは積み上がります。

一方の**電子契約では、メールとクラウドを介して契約相手方にすばやく確実に契約書ファイルを届けられる**だけでなく、これまで発生していた**郵送費をすべて不要にする**メリットも受けられるのです。

電子化で郵送コストが不要に

書面を取り交わして保管する場合、
印紙代なしでも
1 契約につき 700 円以上のコスト
がかかっていると想定される。

人件費：260 円

印刷、郵送、回収、保管を
時給 2,000 円の人が 8 分間
かけて行った場合の金額

郵送費：370 円

レターパックで
郵送した場合の金額

その他：100 円

封筒、用紙、印刷、
保管（7 年間）などに
かかる金額

書面 1 件あたり
700 円以上
＋
印紙税

電子契約の
デメリットと注意点1

電子化できない契約類型もある

　電子契約が普及している中でも、消費者の保護や取引の安全確保など
を目的として、**書面での契約締結や契約内容を記載した紙の書面の
交付を法令で義務づけられた契約類型が一部に存在**します。

　この中でも代表的な例として、高額かつトラブルが多発しがちな不動産
に関する取引で公布される書面が挙げられます。具体的には、一般の人に
も身近な取引であるマンション・アパート等の賃貸借契約では、その契約
内容のポイントを説明する「重要事項説明書」があります。実は、賃貸借
契約自体の電子化は可能ですが、契約書とは別にこのような書面を交付し、
専門の資格者がその内容を説明する義務が課されています。

　また、消費者保護を目的として、特定商取引法が定める書面交付義務に
も注意が必要です。特定商取引法は、訪問販売や通信販売等の消費者トラ
ブルを生じやすい取引類型を対象にしています。

　具体的に書面交付義務がある取引として、訪問販売、通信販売、電話勧
誘販売、連鎖販売取引、特定継続的役務提供、業務提供誘引販売取引、訪
問購入の各商取引を対象に、事業者が守るべきルールやクーリング・オフ
等のルールを定めています。こうした規制対象の商取引を行う場合は、事
業者が消費者に対して重要事項を記載した書面の交付を義務づけています。
この制度を通じ、消費者に適正な情報提供が行われ、意思に沿わない強引
な勧誘等の行為から消費者を守ろうというわけです。

　こうした制度が、紙の契約書から電子契約に移行することを躊躇させる
原因にもなっていたわけですが、このような書面交付義務について、**相手
方の承諾があれば電磁的方法で交付することを認める法改正が進められつ
つあります**。これにより、契約の電子化はまた一段と加速することは間違
いありません。

電子化に制約が残る契約関連文書の一例

電子化が認められていない文書（2021 年 5 月時点）

文書名	根拠法令
不動産取引における媒介契約書、 重要事項説明書面等	宅地建物取引業法 34 条の 2、35 条、37 条
定期借地契約、 定期建物賃貸借契約書面	借地借家法 22 条、38 条、39 条
特定継続的役務提供等における 契約前後の契約等書面	特定商取引法 4 条、42 条ほか

電子化は可能であるが、
相手方の承諾または希望が必要な文書

文書名	根拠法令
建設請負契約	建設業法 19 条 3 項、 施行規則 13 条の 2
下請会社に対する受発注書面	下請法 3 条 2 項
旅行契約における説明書面	旅行業法 12 条の 4、 12 条の 5、施行令 1 条等
不動産特定共同事業契約書面	不動産特定共同事業法 24 条、25 条
マンション管理業務委託契約書面	マンション管理適正化法 72 条、73 条
投資信託契約約款	投資法人及び投資法人に 関する法律 5 条
労働条件通知書面	労働基準法 15 条 1 項、 施行規則 5 条 4 項
派遣労働者への就業条件明示書面	派遣法 34 条、施行規則 26 条 1 項 2 号

電子契約の
デメリットと注意点2

相手に手間やコストが発生する場合がある

契約は、相手が存在してはじめて成立するものです。自社で電子契約を導入できても、契約相手の受信者側にも**契約の電子化を受け入れてもらうことが必要**です。

　自社が電子契約を希望しても、相手が電子契約を拒んで従来どおりの書面の契約を希望した場合、相手の都合に合わせなければならないケースも少なくありません。

　特に当事者署名型の電子契約サービスを利用する場合は、認証局の身元確認を経て、代表者の署名鍵（秘密鍵）と電子証明書の準備が必要です。さらに、契約相手にも同じ準備をしてもらう必要があります。その手間や人件費はもちろん、システム利用料や電子証明書の取得維持に数万円単位の費用負担も強いることになります。こうした負担もあるため、「当社の取引ルールにより、当社指定の認証局の電子証明書を事前に取得してください」とお願いしても、相手にメリットがなければ応じてくれません。

　一方で、事業者署名型の電子契約サービスの**クラウドサインでは、署名鍵や電子証明書をクラウドサインが提供するので、相手方の事前の準備や費用負担は不要**です。利用者はインターネット環境からブラウザ経由でクラウドサインにアクセスし、クラウドサインの利用規約を確認するだけで、電子契約を締結できます。

　しかし、いくら事前の準備や負担が発生しないといっても、実際の契約締結の操作やプロセスが複雑だったり、安全性を軽視したシステムだったりすれば、はじめての利用者には不安がつきまとうものです。クラウドサインは、ブラウザで赤いボタンをクリックしていくと契約締結ができるわかりやすいユーザーインターフェースや、2要素認証などによる強固なセキュリティを用意して、はじめてでも直感的に、安全に電子契約ができるサービスになっています。

当事者署名型の認証の手間とコストが、事業者署名型では不要

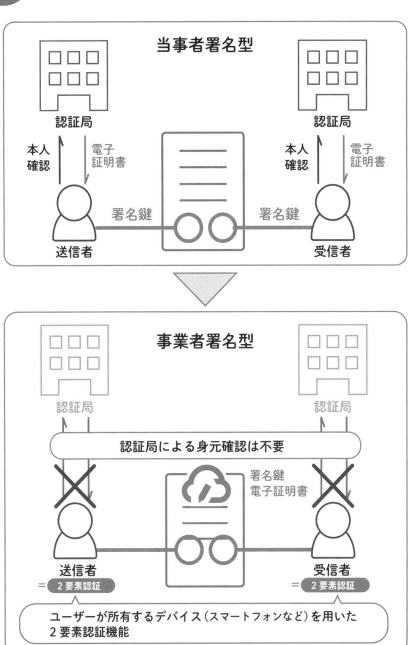

第3章 クラウドサインでの電子契約の手順

クラウドサインでの契約手続き

クラウドサインの電子契約の手順

ク ラウドサインを利用した電子契約の手順はシンプルです。事前に必要な情報を設定しておけば、画面の指示に従ってかんたんに書類を送信することができます。

　クラウドサインで電子契約を行う際の、おおまかな送受信の流れは以下のとおりです。

▶送信者が書類をアップロードして送信する
　送信者は、締結したい契約書等の書類をアップロードします。
　書類名や相手先のメールアドレスを入力して、送信内容を確認します。
　問題がなければ送信ボタンを押せば、相手先にメールが送信されます。

▶受信者が確認メールを受信して同意する
　相手先のメールアドレスには「○○様から□□（書類名）の確認依頼が届いています」という確認メールが届きます。
　確認メールを受け取った相手は、メールを開いてメッセージの内容を確認します。
　［書類を確認する］というボタンからクラウドサインにアクセスし、書類の内容を確認できるので、内容を確認して問題がなければ［同意］ボタンを押せば契約が完了します。

▶契約締結の完了
　契約締結が完了すると、送信者と受信者の双方に完了メールが届き、契約書類の PDF ファイルが添付されています。
　受信者は書類の PDF ファイルをデータのまま保存したり印刷したりすることで、契約書を保管することができます。

書類の送受信の流れ

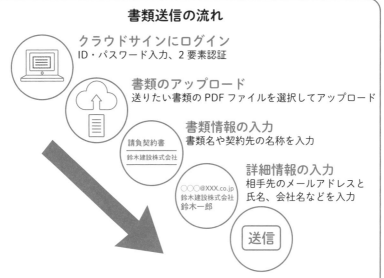

書類送信の流れ

クラウドサインにログイン
ID・パスワード入力、2要素認証

書類のアップロード
送りたい書類のPDFファイルを選択してアップロード

書類情報の入力
書類名や契約先の名称を入力

請負契約書
鈴木建設株式会社

詳細情報の入力
相手先のメールアドレスと
氏名、会社名などを入力

○○○@XXX.co.jp
鈴木建設株式会社
鈴木一郎

送信

送信内容を確認して、送信ボタンをクリックすれば送信完了

書類受信の流れ

メールの受信
確認依頼メール内の確認ボタンをクリック

書類の確認
書類が開いたら、内容を確認

書類への同意
同意ボタンをクリックすれば
契約締結完了

同意

電子署名済

契約が完了すると、書類のPDFファイルが添付されたメールが届く

クラウドサインでの
書類の送信1

書類の準備とアップロード

書類の準備とアップロードクラウドサインでの書類のアップロードは、メール添付の操作やファイル共有サービスを使ったファイル送信に似たような操作で行うことができます。

ここからはクラウドサインで書類を送信する具体的な手順について紹介します。

書類の準備で必要なのは、契約を交わしたい書類をあらかじめPDFファイルにしておくことです。押印した紙の書面や直筆でサインした書類をスキャンしてPDFファイルに変換して利用することもできます。しかし、従来の契約と異なり電子契約では、パソコンで作成したWordファイルの書類を印刷せずにPDF形式でファイル出力し、クラウドサインで電子署名をして保存することでペーパーレス化の推進ができ、電子化によってさらに事務作業の省力化を進めることも可能です。

書類の準備ができたら、クラウドサインにログインして実際に書類をアップロードします。

ログインすると画面左上に表示される［新しい書類の送信］ボタンをクリックします。すると、「書類の準備」画面が表示されるので、用意したPDFファイルを選択して、アップロードします。

これで書類の準備は完了です。

書類のアップロード

▶クラウドサインにログインして［新しい書類の送信］をクリック

▶「書類の準備」画面が表示される。
　PDFファイルをドラッグ＆ドロップまたは選択

クラウドサインでの 書類の送信2

書類の情報を入力する

ク ラウドサインに書類をアップロードすると、書類のプレビューが表示されて、タイトルにPDFファイルのファイル名が自動入力された状態で表示されます。書類のタイトルは任意に変更することができ、相手先名称の入力も可能です。

　さらに、書類情報の入力欄から任意で「契約締結日」「契約期間」「自動更新の有無」「取引金額」などの入力もできます。任意となっている入力欄は省略もできますが、ここでなるべく情報を入力しておくと、後からの契約情報の一元管理もしやすくなります。

送信書類の情報を入力

▶アップロードした書類が表示されたら、
　書類のタイトルと相手先名称を入力

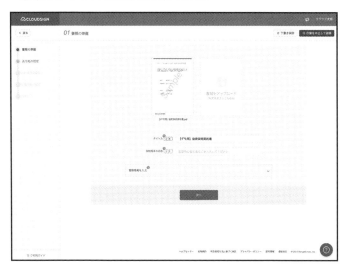

▶任意で契約期間や自動更新などの入力も可能

クラウドサインでの
書類の送信 3

宛先を入力して送信する

宛先を入力して送信する最後に、送付先のメールアドレスや氏名など
を入力します。

送付先が外国企業等の場合、受信者画面のインターフェースを英語や中
国語に指定して送信もできます。

送付先の本人宛に別途連絡したアクセスコードを設定し、このコードを
知らない第三者が同意できないようにして、セキュリティと本人性を高め
ることが可能です。

プレビュー画面で送信内容に問題がないことを確認したら、最後に［送
信する］ボタンをクリックします。

書類送信が完了すると、完了のメッセージが表示されます。送信後、受
信した相手が忘れないようにリマインドメールを送信する設定もできます。

また、社内の管理者や上長のメールアドレスを登録しておき、契約の締
結・取消などについて自動的にメール送信する設定をしておくと、社内確
認の手間を省力化することもできます。

宛先を入力し書類を確認して送信

▶送信先メールアドレスや氏名を登録

▶送信する書類の内容と送信先を確認し、
　[送信する] ボタンをクリックすれば送信が完了する

クラウドサインでの書類の受信1

書類を受け取る

受信者の操作はさらにシンプルで、クリックやタップするだけで、書類内容を確認すること以外の労力はほとんどありません。

送信者が書類送信を完了すると、相手先はクラウドサインから確認依頼メールを受け取ります。

「○○様から□□（書類名）の確認依頼が届いています」

というメッセージのメールを受け取った相手先は、受信したメールに記載されている赤色の［書類を確認する］ボタンを押します。すると自動的にブラウザが開いて、書類確認の画面が開きます。

相手先は、ブラウザに表示された確認画面で、［利用規約に同意して書類を開く］ボタンを押します。書類の閲覧画面が開き、書類の内容を閲覧することができます。

もし、受信者本人が決裁権限のない内容の書類を受け取った場合には、クラウドサイン上で決裁権限を持つ人に転送することもできます。

書類の受信と確認

▶メールを受信する
　確認依頼メールの [書類を確認する] ボタンを押す

▶受け取り画面から [利用規約に同意して書類を開く] ボタンを押すと、
　書類が表示される

クラウドサインでの
書類の受信2

契約に同意する

書類確認のボタンを押すと、ブラウザで書類を閲覧する画面が開くので、書類内容を確認します。

内容を確認して問題がなければ、赤色の［書類の内容に同意］ボタンを押します。

すると、同意への確認が再度表示されるので、［同意して確認完了］ボタンを押します。これで書類への合意締結が完了します。

画面操作が完了したら、画面を閉じます。

以上で受信者側の操作は完了し、契約が締結されました。

書類の内容に同意

▶書類を確認して、［書類の内容に同意］ボタンを押す

▶再確認の表示が出るので［同意して確認完了］ボタンを押す

クラウドサインでの
書類の受信3

締結済み書類の確認

締結が完了すると、クラウドサインから受信者に契約が締結された旨の「締結完了」メールが送信されます。

　メールには電子署名済みの書類のPDFファイルが添付されていて、内容を確認することができます。

　添付された書類のPDFファイルは一般的なファイルと同様にフォルダへの保存や印刷が可能です。

　また、受信者がクラウドサインにアカウント登録すれば、クラウドに保管されたPDFファイルを確認することもできます。パソコンのハードディスクドライブへの保存だけでは消失リスクがあるので、クラウドサイン上での保管も併用すれば、より安全に保管ができます。

締結した書類を確認する

▶届いた締結完了メールに添付された PDF ファイルを確認する
（クラウドでの確認もできる）

第**4**章
電子契約の
しくみ

電子署名のしくみ

電子データの完全性を守る技術

電子署名は、印影や手書き署名に代わり、<u>電子データの作成者を表示すると同時に、そのファイルが改変されない技術的措置</u>のことをいいます。電子署名を施した契約書の電子ファイルは、完全性（情報が正確なまま保護されている状態が維持されていること）が担保されます。

従来の書面を用いた契約では、押印して印影を残すか、手書きの署名を施し、文書の内容が本人の意思であることを証明していました。朱肉やペンのインクを使って意思表示者の氏名を表示して、本人以外がその文書を改変しにくい状態にしていたのです。

このような従来の契約は、一般に本人だけがその印章を保有していると推定されることと、手書きの署名であれば筆跡鑑定などで本人を推定できること、朱肉やインクを残せばかんたんには改ざんできないことを前提としたしくみです。

その一方で、電子ファイルを用いる電子契約では、ファイルそのものに印影や署名を施すことはできません。もちろん、デジタル画像の印影や署名への上書きはできますが、コピーが容易なデジタル画像では本人の意思によることを証明できないので意味がありません。

そのため、別の手段でその内容が本人の意思であることを証明する必要があります。これに応えるため、電子ファイルに改変ができないかたちで作成者の氏名などを記録するようにした技術が電子署名です。

クラウドサインで電子署名を施した電子ファイルは、Acrobat Readerで開くと「署名パネル」で電子署名の記録を確認できます。さらに「署名の詳細」から、その文書の内容に「誰が」「いつ」同意して、その後に改変されていないことを確認できます。

「署名」という言葉のせいで紛らわしく見えますが、手書きによる書面上の署名と似た効果を持つことから、署名という言葉が用いられているにすぎません。

印鑑証明書に代わる電子証明書・署名パネル

書面契約では、契約書の印影に対応する印鑑証明書を提出してもらって自分の目で照合

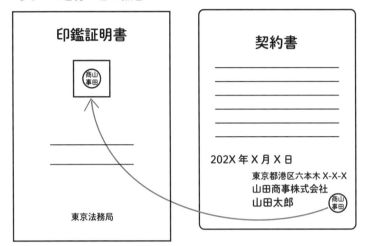

クラウドサインでは、PDFファイルを開き署名パネルを確認するだけで、誰が・いつ同意したか、改変されていないかを確認できる

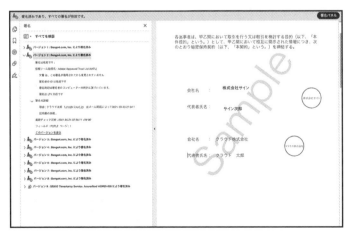

公開鍵暗号方式のしくみ

電子署名の安全性を支える暗号技術

電子署名を実現するのが、**「公開鍵暗号方式」と呼ばれる暗号技術**によるしくみです。

公開鍵暗号方式では、「暗号鍵」（秘密鍵や署名鍵ともいいます）とそれに対応した唯一の「復号鍵」（公開鍵ともいいます）の鍵のペアをつくります。暗号鍵は、平文（暗号化されていないデータ）を暗号化するために用い、そして復号鍵は暗号文を平文に復号（元に戻す）します。

たとえば、「暗号鍵A」と「復号鍵A」のペアをつくったとします。

そして「復号鍵A」が、ある暗号文を平文に復号できたとします。その結果、その暗号文は「復号鍵A」に唯一対応する「暗号鍵A」で平文を暗号化したものと証明できます。

公開鍵暗号方式では、この2つの鍵のうち、「暗号鍵A」を平文を作成した本人だけが知るパスワードなどで管理した秘密鍵にするのです。

こうすることで、公開鍵で復号できる暗号文は、その公開鍵と1対1で対応する秘密鍵の管理者が暗号化したものと推定できます。

この**公開鍵暗号方式によって、電子ファイルの作成者と、作成後にファイルの改変がないことを推定するしくみ**が、一般に電子署名と呼ばれるものの正体です。具体的には、図のように、電子文書のハッシュ値を暗号鍵（秘密鍵）で暗号化したものが電子署名となり、受信者は、復号鍵（公開鍵）でハッシュ値に復号し、この2つを比較して一致するかを検証します。

4-1で紹介した「署名パネル」は、この暗号技術を用いた検証を、ユーザーが意識せずに自動的に実施した結果を表示した画面です。

公開鍵暗号方式での電子署名の検証フローチャート

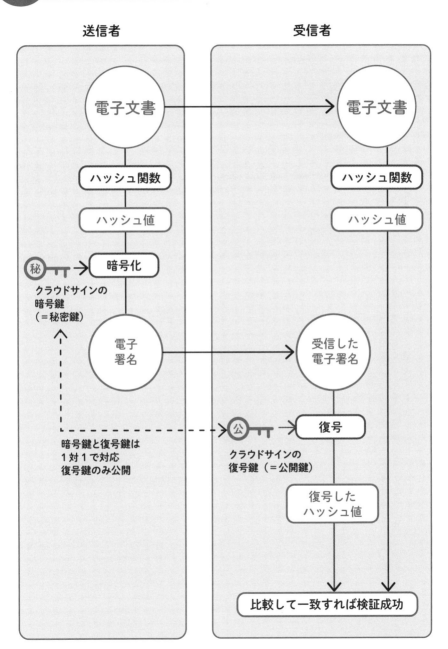

電子署名と法律

電子契約を支える関係法令

電子契約の有効性を支える法令は複数ありますが、そのなかでも**電子署名とは何かを定義し、契約としての有効性を支えるもっとも重要な法律は電子署名法**です。

しかしそれ以外にも電子署名や電子契約に関係する法令は実はたくさんあります。次の図は、電子契約に関する法令の全体像を表した樹形図です。

電子署名法以外では、契約方式について触れている民法は重要な法令です。民法では契約の方式を原則として自由と定めているため、書面（紙）でなくともよいのです。

そして、この「契約方式自由の原則」に対する例外を定めた特別法として、すでに紹介した特定商取引法や、建設業法・宅建業法などがあり、契約を電子化する際は、相手の承諾が必要になるなどの制約があります。

さらに、会社議事録のような、内部文書での電子署名の利用について言及した会社法などにも目を配っておく必要があります。

契約締結後に契約の証拠として保存する段階では、民事訴訟法も重要ですし、税務上は印紙税法や電子帳簿保存法なども関係します。

法律の専門家が電子署名を取り扱う際は、公的個人認証法や商業登記法が定める登記での電子署名の利用範囲への理解も必要となります。

本書の読者のみなさんがここで列挙した法令のすべてを理解する必要はありません。ただし、こうした全体像を知ったうえで、必要に応じてその分野に詳しい弁護士などの専門家に相談できる体制を日頃からつくっておくことも大切です。

電子契約に関する法令の全体像

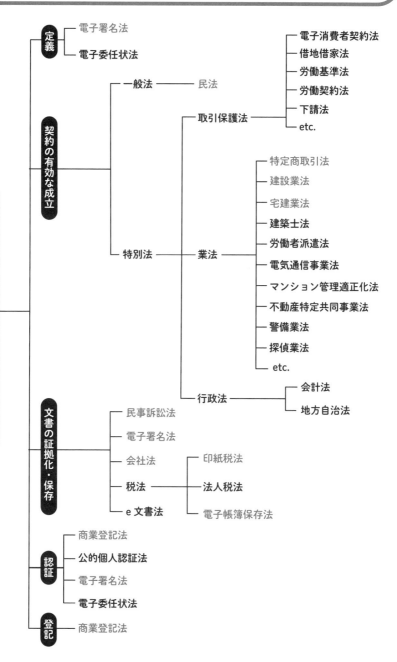

電子契約に関する法令の全体像

- 定義
  - 電子署名法
  - **電子委任状法**
- 契約の有効な成立
  - 一般法
    - 民法
  - 特別法
    - 取引保護法
      - **電子消費者契約法**
      - 借地借家法
      - 労働基準法
      - **労働契約法**
      - **下請法**
      - etc.
    - 業法
      - 特定商取引法
      - 建設業法
      - 宅建業法
      - **建築士法**
      - **労働者派遣法**
      - **電気通信事業法**
      - マンション管理適正化法
      - 不動産特定共同事業法
      - 警備業法
      - 探偵業法
      - etc.
    - 行政法
      - 会計法
      - 地方自治法
- 文書の証拠化・保存
  - 民事訴訟法
  - 電子署名法
  - 会社法
  - **税法**
    - 印紙税法
    - **法人税法**
    - 電子帳簿保存法
  - **e 文書法**
- 認証
  - 商業登記法
  - **公的個人認証法**
  - 電子署名法
  - **電子委任状法**
- 登記
  - 商業登記法

電子契約の保存義務と保存期間

保存が必要な期間は紙の契約書と同じ

電子契約であっても、紙の契約書であっても、契約の記録としての文書は基本的に「その契約に関する取引が契約の相手と続く限りはずっと保存しておく」ことが基本です。なぜなら、その相手と取引でトラブルになった時の紛争解決のよりどころになったり、その取引が実在することの証明となったりするものだからです。

一方で、取引が終わってほとんど閲覧しない文書をいつまでも保存するのは、契約当事者全員にとって大きな負担となります。

そこで、特に税務上の観点から、最低限保存が必要な期間が法令で定められています。法人税法では、契約書、注文書、領収書、見積書などを「帳簿書類」と位置づけて、納税地で7年間（連結法人や青色申告法人で欠損金が生じた事業年度は10年間）の備えつけと保存を義務づけています。これらの義務を電子化した帳簿書類にまで拡げたのが、「電子帳簿保存法」です。

なお、特別な法令の保存義務に関係する場合、さらにもう少し長期間保存しなければならない場合もあります。

紙の契約書の場合は、取引の数だけ発生した契約書のファイルを10年以上も保存するとなると、保管する書庫やキャビネットのスペースだけを考えても、莫大な金銭的コストが発生します。

一方で、電子契約の場合、電子ファイルをどれだけ作成しても、保存に必要な物理的スペースが増えるわけではありません。電子ファイルを保存する記憶媒体にかかるコストも、ハードディスクからフラッシュメモリに、そしてクラウドへと進化しながら、ますます低価格になっています。

したがって、紙の契約書で問題になる保存義務は、電子契約に移行することで、ほとんど問題にならなくなります。なお、電子契約を締結して保存する場合は、その電子契約システムが電子帳簿保存法によって定められた要件を満たしているかを確認しておきましょう。

電子契約の保存義務と保存期間

契約関連文書の法定保存期間一覧

文書	起算日	年限	根拠条文
建築士事務所の業務に関する図書 （契約書、設計図書等）	作成日	15年	建築士法施行規則21
製品の製造・加工・出荷・販売記録	製品引渡日	10年	PL法 5,6
建設業の営業に関する図書 （完成図、打合せ記録、帳簿、契約書等）	当該建設工事の目的物の引渡しをした日	10年	建設業法施行規則28
取引証憑書類 （請求書、注文請書、契約書、見積書）	帳簿閉鎖日および書類作成日・受領日の属する事業年度終了の翌日から2か月を経過した日	7年	法人税法施行規則59、67
有価証券の取引に際して作成された証憑書類 （受渡計算書、預り証、売買報告書等）	帳簿閉鎖日および書類作成日・受領日の属する事業年度終了の翌日から2か月を経過した日	7年	法人税法施行規則59、67
現金の収受に際して作成された取引証憑書類	帳簿閉鎖日および書類作成日・受領日の属する事業年度終了の翌日から2か月を経過した日	7年	法人税法施行規則59、67
産業廃棄物処理の委託契約書	契約終了日	5年	廃棄物処理法施行規則8の4の3
雇入れまたは退職に関する書類 （雇用契約書、労働条件通知書、解雇通知書等）	労働者の退職または死亡の日	5年	労働基準法施行規則56
賃金その他労働関係に関する重要な書類	最後の記入をした日	5年	労働基準法施行規則56

電子署名の有効期間

長期署名のしくみ

電子ファイルが特定の作成者により作成されたことと、電子ファイルが改変されていないことを暗号技術を使い証明しやすくするのが、主な電子署名の効果です（4-1、4-2 参照）。

しかし、電子署名を支える暗号アルゴリズムが未来永劫絶対に破られない保証はありません。年数が経って技術がさらに進展し、暗号を破る技術が発見されれば、電子ファイルが改ざんされてしまう可能性もあります。これを「アルゴリズムの危殆化（きたいか）リスク」といいます。

そこで電子契約では、アルゴリズムの危殆化リスクを考慮して、電子署名で用いる電子証明書に有効期間が設定されています。原則は最長 5 年、一般的には 2 〜 3 年で有効期間が満了し、その年数が経過すると、電子証明書は失効した状態になります。

ところで、電子証明書が失効すれば、電子署名が当時本人が実際に行ったものか、その後のファイル改変の有無も、暗号技術によって検証できなくなってしまい、別の方法を使って証明する必要が出てきます。

4-4 で紹介したように、電子契約は 10 年程度は保存するものです。しかし、契約に使った電子署名の検証可能期間がわずか数年では、押印や直筆の署名よりも不便なものになりかねません。

そこで、この有効期限の問題を解決するために開発されたのが、PAdES と呼ばれる国際標準規格に則った「長期署名」フォーマットです。長期署名とは、当初の電子署名に使われた暗号アルゴリズムが危殆化する前に、その時点で最新の暗号技術を用いたタイムスタンプを付与して暗号をかけ直すことで、電子署名の効果を延長するものです。

クラウドサインでは、すべてのプランで 10 年間の長期署名を付与し、さらに国税庁が電子帳簿保存法で指定する認定タイムスタンプを利用しているので、長期間の保存にも安心して利用することができます。

アルゴリズムが危殆化しないように メンテナンスが必要

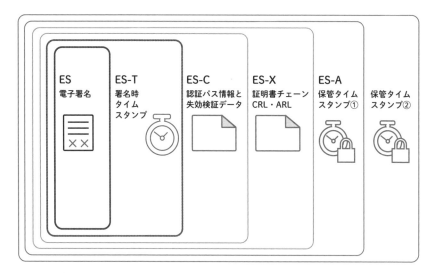

ES 電子署名

ES-T 署名時 タイム スタンプ

ES-C 認証パス情報と 失効検証データ

ES-X 証明書チェーン CRL・ARL

ES-A 保管タイム スタンプ①

保管タイム スタンプ②

ES　　Electronic Signature

ES-T　Electronic Signature with Time stamp

ES-C　Electronic Signature with Complete validation data

ES-X　Electronic Signature eXtended
（CRL：証明書失効リスト、ARL：認証局証明書失効リスト）

ES-A　Electronic Signature Archive

電子署名を施す際は、その署名生成時刻を証明するための「署名時タイムスタンプ（ES-T）」を付与する。

このとき、これら電子署名・署名時タイムスタンプのセットを検証するための「検証情報」を含めたデータセット全体について、2つめのタイムスタンプ「保管タイムスタンプ（ES-A）」を施す。

この保管タイムスタンプの有効期間は約10年だが、その有効期間内に保管タイムスタンプを付与し直すことで、さらに10年単位で期限を延長し、当初の電子署名が改ざんされていないことを長期的に証明できるしくみになっている。

安全な送信方法

電子署名したファイルを安全に交換する

電子署名を用いることで、電子ファイルを改ざんから守るだけでなく、低コストで長期保存ができます。では、電子署名をした契約書ファイルを相手方と安全にやりとりするには、どのような方法を用いればよいのでしょうか。

従来は電子ファイルをインターネットで交換する際、電子メールにファイル添付して送信する方法が多くとられました。その際によく行われたのが、パスワード付き zip ファイルにして送信し、パスワードは別途メールで後送する方法です。

しかしこの方法では、

▶ パスワードメール自体に盗聴リスクがある

▶ zip ファイルはウイルスチェックができない

▶ 無料ソフトで zip パスワードを容易に解析できてしまう

▶ 複数の送信者との間でパスワードメールのやりとりが重なると、受信者の生産性とパスワード管理の安全性を著しく低下させる

などといった問題があり、せっかくの電子契約のメリットである安全性と手軽さの両立を損なうものでした。

これを解決するのが、**クラウドサービスを活用したファイルの受け渡し**です。クラウド上に送信したい電子契約ファイルをアップロードして、相手だけがアクセスできる URL を設定して招待すれば、パスワード管理で受信者をわずらわせることもなくなります。

クラウドサインでは、受取人の指定・アクセスコードの設定・アクセス有効期限の設定・クラウド上でのファイル暗号化など、各種のセキュリティ対策を提供しています。

こうしたクラウドサービスの特徴と電子署名を組み合わせることで、秘密性の高い電子契約ファイルの受け渡しと締結が安全に行えるようになっています。

クラウド上でかんたん・安全に 電子契約ファイルの送受信が可能

電子契約の原本の扱い

同一ファイルが複製できる電子契約での原本とは

寸分違わぬコピーファイルが何個もできて、情報が共有しやすいデジタルの世界では、コピーされた情報が不正に改変されていないことを保証する技術が求められます。

デジタルの世界ではこうした不安も出てきますが、**電子署名が施されたファイルであれば、原本がどれであるかを心配する必要はありません。**「ハッシュ値」が一致していれば、複製対象となった元のファイルの内容と同一である（改変されていない）ことが容易に立証できるからです。

そうはいっても、法的には原本がどれかを明確にしたいニーズもあります。ここでは、対裁判所と対税務当局の2つから整理します。

▶対裁判所

証拠として紙の文書を裁判所に提出する場合、原本以外はすべて写しとして扱われ、その方法によって謄本・抄本・正本などに分かれます。

その一方、電子文書が訴訟で扱われる場合、何を原本とし、どのように証拠提出をすべきかについては、現行法令上は明確に定められていません。さまざまな学説がありますが、裁判実務では「最初に、かつ、確定的に作成された（電子）文書」となる電子ファイルを原本と捉え、そのプリントアウトを裁判所に提出する方法がとられています。

▶対税務当局

国税庁の電子帳簿保存法Q&Aの「サーバ等で保存していた電磁的記録と外部記憶媒体に保存している電磁的記録は当然に同一のものでなければなりません」や、国税庁通達の「受信データを自己の複数の各業務システムに分割して引き継いでいるような場合は、その分割前の変換直後のものが保存すべきデータとなる」といった記載から、データのコピー元がどこにあるのかが強く意識され、最初に保存された電子契約ファイルが原本と捉えられています。

原本・謄本・抄本・正本の違い

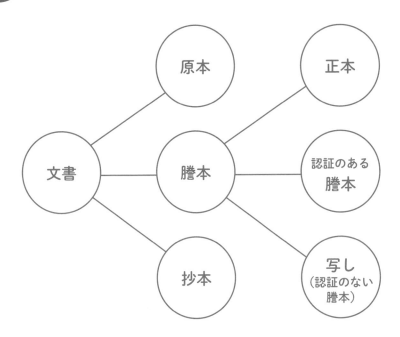

特許庁審判部『文書の原本・写しについて』を元に作成

原本	作成者が一定の内容を表示するため、確定的なものとして最初に作成した文書
謄本	原本と同一の文字、符号を用いて原本の内容を完全に写し取った文書
抄本	原本の一部を写し取った文書
正本	謄本のうち、権限のある者によって作成された文書であって、法令によって原本と同一の効力が与えられているもの
認証のある謄本	謄本のうち、権限のある者が原本の内容と同一である旨の認証をしたもの
写し	認証がない単なる謄本

第5章 電子契約を活用できる契約類型

電子化が可能な契約

すべての契約が電子化可能な時代へ

日本では、明治以降 100 年以上にわたり、紙と印鑑を用いて契約が締結され、商慣習として根づいてきました。そのため、紙でないと契約として有効ではないのでは？と不安を抱く方も少なくありません。

しかし、**契約の電子化に関わる法的環境は、2000 年以降、順次整備**されています。特に象徴的なのは、**2020 年に明治以来の大改正を行った民法で、新しく明記された「契約方式の自由」を定めた条文**です。この条文により、契約の成立に書面は不要という原則が改めて確認されました。

また、電子署名法とあわせて 2001 年に施行された IT 書面一括法により、書面の交付または書面による手続きを義務づけていた法令を一括して改正し、電磁的方法でも可能なことが明確化されました。

加えて、この時点では電子化が認められなかった以下の書面についても、条件つきで電子化を認める「デジタル社会の形成を図るための関係法律の整備に関する法律」が 2021 年の通常国会で可決・成立しています。

- 不動産賃貸・売買等の契約に係る書面
- 借地借家法における定期借家契約書面
- 建築士法における重要事項説明書

さらに、官公庁および地方自治体と民間企業とが締結する契約の電子化に厳しい規制を課していた契約事務取扱規則や地方自治法施行規則といった法令も 2020 年に改正され、現在はクラウドサインのような電子契約サービスにより、ほとんどの契約が締結できる環境が整いつつあります。

民法が定める契約自由の原則

①契約締結の自由	契約を締結し、 又は締結しない自由
②相手方選択の自由	契約の相手方を選択する自由
③内容決定の自由	契約の内容を自由に決定する ことができること
④方式の自由	契約を書面で締結するか、 口頭で締結するか等、 契約締結の方式を自由に 決定することができること

この4つのうち、「方式の自由」を明文化するため、2020 年 4 月の改正民法により、522 条 2 項が新設された。

（契約の成立と方式）
第 522 条　契約は、契約の内容を示してその締結を申し入れる意思表示（以下「申込み」という。）に対して相手方が承諾をしたときに成立する。
2　契約の成立には、法令に特別の定めがある場合を除き、書面の作成その他の方式を具備することを要しない。

取引基本契約の電子化

継続的取引を行うために、事前に基本的な条件を合意する

取引基本契約とは、**反復・継続して取引を行う相手方との間で、共通して適用される契約条件をあからじめ合意しておくための契約**です。取引基本契約を最初に締結しておけば、個別の受発注の際に毎回ゼロからすべての契約条件について交渉や合意をする必要がなくなり、取引をスムーズかつ安全に行えるようになります。

取引基本契約では、次のような条項を定めて合意します。

> 適用される取引の範囲／個別契約の成立条件／納品・検査／
> 代金の支払条件／所有権の移転／危険負担／
> 品質保証・契約不適合責任／知的財産権／相殺予約／再委託／
> 秘密情報・個人情報の取扱い／契約解除／損害賠償／保証／利率／
> 反社取引の禁止／紛争解決

たとえば、紛争発生時にどの国の法律に従い、どの裁判所で訴訟を行うかなどについては、取引ごとに毎回交渉したり合意したりする必要はなく、契約当事者間で一度取り決めてしまえば十分です。こうした共通項目を抽出して、以降に取り交わす契約への適用を合意するのが、取引基本契約といえます。

取引基本契約をよく用いる代表的な取引は、物品の売買です。売買取引では、取引ごとに受発注する品目とその数量は異なっても、それ以外は当事者間の「いつもの条件」で合意できるのがほとんどだからです。

取引基本契約を電子化する最大のメリットは、印紙税コストの削減です。印紙税法では、契約期間が3ヶ月を超える継続的取引の基本契約書は1通4千円の収入印紙の貼付が必要になりますが、電子契約では収入印紙が不要になります。

売買基本契約書の例

売買基本契約書

各当事者は、売買に関する基本的な事項について、次のとおり売買契約（以下「本契約」という。）を締結する。

売主	住所 ：	フリーテキスト
	会社名 / 氏名：	フリーテキスト

買主	住所 ：	フリーテキスト
	会社名 / 氏名：	フリーテキスト

※法人の場合、会社名に加え、代表取締役等の肩書、氏名を記入して下さい。

売買対象物	フリーテキスト
単価	フリーテキスト
数量	フリーテキスト
納入期日	フリーテキスト
納入場所	フリーテキスト
売買代金	フリーテキスト
検収期限	フリーテキスト
支払期日	フリーテキスト
管轄裁判所	フリーテキスト　　　　　　　　裁判所

クラウドサイン公式テンプレートより抜粋

秘密保持契約（NDA）の電子化

秘密情報の受領者に秘密保持義務を課す契約

秘密保持契約（Non-Disclosure Agreement / NDA とも呼ばれる）とは、**秘密情報を受領した者に、秘密保持義務（守秘義務）を課す契約**です。他社との資本・業務・技術提携や協業の可否を検討する初期段階で締結され、企業の規模にかかわらず、締結件数が多いことが特徴です。

秘密保持契約では、多くの場合、次のような条項を定めて合意します。

> 目的／秘密情報の定義／秘密保持義務／目的外使用の禁止／
> 秘密情報の管理／秘密情報の複製禁止・返還・破棄／差止め／
> 有効期間

秘密保持契約は、本来、重要な営業・技術情報を開示する際に締結する重要な契約です。しかしながら、取引の初期に「とりあえず」交わしておくケースも決して少なくありません。いずれのケースでも、その締結にあたっては、スピードと法的証拠力の両立が求められます。

クラウドサインで秘密保持契約を締結することで、印刷・製本・郵送が不要となり、迅速化が図れるとともに、電子署名により法的証拠力も確保された契約を締結することができます。

秘密保持契約の条件をスピーディに交渉するためには、電子契約のようなツールを活用することに加え、信頼できる機関が客観的・中立的な立場で作成したひな形を用いることも有効です。経済産業省の『秘密情報の保護ハンドブック』の参考資料に掲載されているサンプルなどを元にして、交渉を効率化するとよいでしょう。

秘密保持契約書の例

秘密保持契約書

各当事者は、甲乙間において取引を行う又は取引を検討する目的（以下、「本件目的」という。）として、甲又は乙が相手方に開示する秘密情報の取扱いについて、以下のとおりの秘密保持契約（以下「本契約」という。）を締結する。

甲	住所 　　　:	フリーテキスト
	会社名 / 氏名:	フリーテキスト
乙	住所 　　　:	フリーテキスト
	会社名 / 氏名:	フリーテキスト
	※法人の場合、会社名に加え、代表取締役等の肩書、氏名を記入して下さい。	
契約締結日	フリーテキスト	
契約期間	フリーテキスト	
契約更新	本契約の期間満了前の以下に定める日までにいずれの当事者からも解約の申し出がない場合には、同一条件でさらに以下に定める期間を延長し、以後も同様とする。	
	解約申出日 : フリーテキスト	
	延長期間 　: フリーテキスト	
管轄裁判所	フリーテキスト 　　　　　　　裁判所	
特記事項		

又は電磁的記録の方法により行うものとする。

クラウドサイン公式テンプレートより抜粋

請負契約の電子化

仕事の完成に対して対価を支払う契約

請負契約とは、**請負人が仕事を完成し、これと引き換えに注文者が代金を支払うことを内容とする契約**です。請負契約で扱われる仕事は、建設工事のように有形の成果物を伴うものもあれば、ソフトウェア開発のように無形の成果物の場合もあります。そのため、仕事の「完成」の定義や完成後の品質保証の範囲について、認識の齟齬からトラブルが発生しやすい契約です。

請負契約では、多くの場合、次のような条項を定めて合意しておきます。

> 仕事の内容・仕様／請負人と注文者の役割分担／納期／検査／
> 代金の支払条件／所有権の移転／危険負担／
> 品質保証・契約不適合責任／知的財産権／再委託／
> 秘密情報・個人情報の取扱い／損害賠償／紛争解決／合意管轄

取引の対象が明確な「物」である売買契約などと比べ、仕事の内容を契約ごとに仕様書等で定義しなければならず、合意すべき事項も上記のように多岐にわたります。それだけに、契約内容を書面や電磁的方法でしっかりと残しておくことが重要です。

特に大企業が中小企業に仕事を急ぎで発注する場合など、お互いに時間や手間がかかるので契約書を作成しないまま仕事を進めてしまう場合があります。しかし、その後にトラブルになり、立場の弱い中小企業が泣き寝入りするケースは後を絶ちません。このようなことを防ぐためにも、クラウドサインのようにスピーディに合意でき、改ざんができない方法で契約を証拠化しておくことが望まれます。

なお、請負契約の書面作成では、契約金額により1通あたり最高60万円という高額な印紙税を負担しなければなりません。しかし、クラウドサインをはじめとした電子契約を用いることにより、収入印紙のコストも削減ができます。

請負契約書の例

民間建設工事標準請負契約約款（乙）

> 昭和26年2月14日
> 中央建設業審議会決定

改正　　昭和31年10月　3日
平成　元年　1月24日
平成　9年　1月21日
平成12年10月　2日
平成13年　3月　1日
平成14年　2月12日
平成15年　2月10日
平成15年10月31日

[注]本約款（乙）は、個人住宅建築等の民間小工事の請負契約についての標準約款である。

民　間　建　設　工　事　請　負　契　約　書

注文者　　　　　　　　　　　　と
請負者　　　　　　　　　　とは
　この契約書、民間建設工事標準請負契約約款（乙）（昭和二十六年二月十四日中央建設業審議会決定）と、添付の図面　　枚、仕様書　　冊とによつて、工事請負契約を結ぶ。

一、工事名
二、工事場
三、工　期　　着手　　契　約　の　日　から　　　　日以内
　　　　　　　　　　工事許・認可の日から　　　　日以内
　　　　　　　　　　平　成　　年　　月　　日
　　　　　　　完成　　着　手　の　日　から　　　　日以内
　　　　　　　　　　平　成　　年　　月　　日
四、検査及び引渡の時期　　完　成　の　日　から　　　　日以内
五、請負代金額
　　（うち取引に係る消費税及び地方消費税額　　　　　　　）
　　〔（　）の部分は、請負者が課税業者である場合に使用する。〕
六、支　払　方　法　　注文者は請負代金をつぎのように請負者に支払う。
　　　　　　　　　　この契約成立のとき
　　　　　部分払 { 第一回
　　　　　　　　　第二回
　　　　　　　　完成引渡のとき
七、危険負担の方法
八、そ　の　他
　　注　建設工事が、建設工事に係る資材の再資源化等に関する法律(平成12年法律第104号)第9条第1項に規定する対象建設工事の場合は、(1)解体工事に要する費用、(2)再資源化等に要する費用、(3)分別解体等の方法、(4)再資源化等をする施設の名称及び所在地についてそれぞれ記入する。
　この契約の証として本書二通を作り、当事者が記名なう印して各一通を保有する。
　　平成　　年　　月　　日
　　　　　　　　　住所
　　　　　　　　　　　注文者　　　　　　　　　印
　　　　　　　　　住所
　　　　　　　　　　　請負者　　　　　　　　　印
　　　　　　　　　　　監理技師としての責を負うためここに記名なう印する。
　　　　　　　（監理技師をおく場合記載する）
　　　　　　　　　　　監理技師　　　　　　　　印

- 1 -

担とする。
　5　　前項の検査試験などで契約に明示していないものに要する費用、又は特別に要する費用は甲の負担とする。

- 2 -

国土交通省 HP より抜粋

業務委託契約の電子化

業務を他人に委託する契約

業務委託契約とは、**委託者が自己の業務を他人（受託者）に委託することを内容とする契約**です。前節で解説したように、請負契約では請負人の仕事の完成が対価支払いの条件になるのに対し、業務委託契約では、受託者が委託（委任）された事務の処理に対価を支払う関係です。

必ずしも委託者が望んだとおりの結果につながらなくても、受託者は仕事の完成義務がないのでその責任を負わず、業務分の対価や費用を委託者に請求できる点が、純粋な請負契約との違いです。

業務委託契約では、多くの場合、次のような条項を定めて合意します。

> 委託業務の内容／委託期間／報告／代金の支払条件／
> 知的財産権／再委託／競業の禁止／
> 秘密情報・個人情報の取扱い／損害賠償／契約解除／紛争解決

なお、契約書のタイトルが「業務委託契約」でも、仕事の完成義務を伴う請負契約の要素が含まれるものも多いので、十分な確認が必要です。

業務委託契約を書面で締結していると、委託者が想定した期間では業務が終了しない、業務量が当初想定よりも増加した、という場合も出てきます。そこから委託者と受託者の合意による契約期間の更新が繰り返し出て、毎回、契約事務が発生します。契約期間の更新のし忘れという管理上のミスもしばしば起こしがちです。クラウドサインを活用することで、このような更新手続きの際も手間もなく契約を再締結したり、契約期間の終了日を迎える前に事前に通知して更新漏れを防ぐこともできます。

業務委託基本契約書の例

業務委託基本契約書

各当事者は、業務の委託等に関する基本的な事項について、次のとおり業務委託基本契約（以下、「本契約」という。）を締結する。

委託者	住所 ：	フリーテキスト	
	会社名／氏名 ：	フリーテキスト	
受託者	住所 ：	フリーテキスト	
	会社名／氏名 ：	フリーテキスト	
	※法人の場合、会社名に加え、代表取締役等の肩書、氏名を記入して下さい。		
業務内容	① フリーテキスト 業務		
	② 業務		
	③ 業務		
	④ その他当事者間で別途合意する業務		
	⑤ 上記各号に付随する業務		
担保責任期間	納入物の納入時から フリーテキスト ヶ月以内		
契約締結日	フリーテキスト		
契約期間	フリーテキスト		
契約更新	本契約の期間満了前の以下に定める日までにいずれの当事者からも解約の申し出がない場合には、同一条件でさらに以下に定める期間を延長し、以後も同様とする。		
	解約申出日 ： フリーテキスト		
	延長期間 ： フリーテキスト		

（中略）
場合はこの限りでない。

第6条（進捗報告）
　委託者は、受託者に対し、必要な範囲内で本件業務の進捗状況について報告を求めることができ、受託者は速やかに本件業務の進捗状況について報告を行う。

第7条（業務委託料）
1. 委託者は、受託者に対し、本件業務の対価として、個別契約で定めた委託料を受託者の指定する銀行口座に振込んで支払う。なお、振込手数料は委託者の負担とする。
2. 委託者は、前項に定める委託料を、個別契約に定める支払期日までに支払う。ただし、支払日が土曜日、日曜日、祝日その他の金融機関休業日にあたる場合には、その前営業日までに支払う。

クラウドサイン公式テンプレートより抜粋

雇用契約と労働条件通知書の電子化

会社と従業員間の労働に関する取り決めの電子化

雇用契約は、**使用者（会社）と労働者（従業員）の間の労働に関する取り決めを内容とする契約**です。労働契約と呼ぶ時もあります。厳密には、雇用契約は民法に、労働契約は労働契約法に定義がありますが、労働契約イコール雇用契約と考えて差し支えありません。

雇用契約では、就業規則の中から特に重要な項目を取り上げて記載します。

> 契約期間（無期／有期、試用期間）／就業場所／
> 従事すべき業務の内容／労働時間（始業終業時間、休憩時間、適用される労働時間制、所定時間外労働の有無等）／休日／休暇／賃金／
> 退職に関する事項（解雇事由）／社会保険・雇用保険の適用有無

これらは労働基準法で労働者への通知義務が定められ、書面または電子メール等での交付が義務づけられています。また、パートタイマーに関しては、上記以外にも明示義務事項が追加されています。

労働条件の通知義務が会社に課されていることから、労働条件通知書の書面交付が行われることが一般的でしたが、2019年4月の労働基準法施行規則の改正で電子メール等での交付が認められ、クラウドサインが活用されはじめています。

なお、労働条件通知の電子メール等での交付は、労働基準法施行規則の定めで、本人の希望を確認する必要があります。

法令上は本人希望を証拠に残す義務は定められていません。しかし後々のトラブルを避けるため、たとえば「私は、本労働条件通知について、電子メール等による交付を希望し受領しました」などの一文を労働条件通知書の末尾に印字してクラウドサインを利用して送信し、本人が受領確認を同意する方法にすれば、会社にも従業員にも負担なく記録を残せます。

雇用契約書の例

雇用契約書

各当事者は、次の条件で雇用契約（以下、「本契約」という。）を締結する。

会社	住所	：	フリーテキスト
	会社名	：	フリーテキスト
	役職・氏名	：	フリーテキスト
社員	住所	：	フリーテキスト
	氏名	：	フリーテキスト
雇用期間	フリーテキスト		
	期間の定め：	フリーテキスト	

※　期間の定めあり場合は、以下を記入

1　更新の有無：　フリーテキスト

2　契約の更新は次により判断する。
　契約期間満了時の業務量、勤務成績及び態度、能力、会社の経営状況
　従事している業務の進捗状況
　その他：

就業場所	会社の本店内又は会社の指定する場所
業務の内容	フリーテキスト　　における業務およびその付随業務
就業の時間及び休憩の時間	就業時間：　フリーテキスト

	翌月	フリーテキスト	日支払
	賃金支払方法　会社が指定する金融機関、支店等の預金口座に送金する。
人事評価	年　　　　　　　　　　回

クラウドサイン公式テンプレートより抜粋

労働者派遣契約の電子化

派遣労働者の受入ルールに関する契約

労働者派遣契約は、**労働者を派遣する派遣元と派遣先との間で、個々の派遣労働者の受入条件に関する共通ルールを取り決める契約**です。

労働者派遣契約では、以下のような条項を定めて合意します。

> 派遣個別契約への適用／派遣受入期間の制限と抵触日通知等／
> 派遣労働者の特定を目的とする行為の禁止／
> 派遣先責任者・派遣元責任者・指揮命令者／
> 苦情処理の方法／適正な派遣就業の確保／
> 安全衛生等／派遣労働者の交替等／業務上災害等／派遣料金／
> 時間外労働、休日労働及び年次有給休暇／知的財産権／
> 秘密情報・個人情報の取扱い／契約期間／契約解除／
> 損害賠償／紛争解決

これらの条項のうちいくつかは、労働者派遣法で書面への記載が義務づけられており、契約の電子化ができませんでした。

しかし2021年1月に「厚生労働省の所管する法令の規定に基づく民間事業者等が行う書面の保存等における情報通信の技術の利用に関する省令」が施行され、電磁的記録での保存でも可能となり、クラウドサインで労働者派遣契約を締結しての完全電子化も可能になりました。

2015年の派遣法改正で期間制限の内容が大きく変更され、派遣労働者の受入期間の制限は厳しくなりましたが、認められた期間内での契約更新の頻度が多くなるのが労働者派遣契約の特徴です。個々の派遣契約を適切に管理して、その手間とコストを適切に削減するために、電子契約の導入は有効な手段になります。

労働者派遣契約書の例

労働者派遣契約書

（派遣元）と　　　　（派遣先）は、次のとおり労働者派遣契約を締結する。　　　　　令和　年　月　日

業務内容	
令第4条第1項各号の業務に該当する場合	
業務に伴う責任の程度	
派遣先事業所名称	
派遣先事業所所在地	
就業場所　（名称）（住所）	
組織単位（長の職名）	（長の職名）
指揮命令者	
派遣期間	令和　年　月　日　～　令和　年　月　日
就業日	
就業時間（※）	（休憩時間）
安全及び衛生	派遣先及び派遣元は、労働者派遣法第44条から第47条の3までの規定により課された各法令を遵守し、自己に課された法令上の責任を負う。なお、派遣就業中の安全及び衛生については、派遣先の安全衛生に関する規定を適用することとし、その他については、派遣元の安全衛生に関する規定を適用する。
苦情処理	(1)苦情の申出を受ける者 (2)苦情処理の方法、連携体制 ①派遣元における(1)記載の者が苦情の申出を受けたときは、ただちに派遣元責任者の◎◎　◎◎へ連絡することとし、当該派遣元責任者が中心となって、誠意をもって、遅滞なく、当該苦情の適切迅速な処理を図ることとし、その結果については必ず派遣労働者に通知することとする。 ②派遣先における(1)記載の者が苦情の申出を受けたときは、ただちに派遣先責任者の△△　△△へ連絡することとし、当該派遣元責任者が中心となって、誠意をもって、遅滞なく、当該苦情の適切迅速な処理を図ることとし、その結果については必ず派遣労働者に通知することとする。 ③派遣先及び派遣元は、自らでその解決が容易であり、即時に処理した苦情の他は、相互に遅滞なく通知するとともに、密接に連絡調整を行いつつ、その解決を図ることとする。
契約の解除に当たって講ずる雇用の安定を図るための措置	(1)労働者派遣契約の解除の事前の申入れ 　派遣先は、専ら派遣先に起因する事由により、労働者派遣契約が満了する前に解除を行おうとする場合には、派遣元の同意を得ることはもとより、あらかじめ相当の期間の猶予期間をもって派遣元に解除の申入れを行うこととする。 (2)就業機会の確保 　派遣元事業主及び派遣先は、労働者派遣契約の契約期間が満了する前に派遣先の責に帰すべき事由によらない労働者派遣契約の解除を行った場合には、派遣先の関連会社での就業をあっせんする等により、当該労働者派遣契約に係る派遣労働者の新たな就業機会の確保を図ることとする。 (3)損害賠償等に係る適切な措置 　派遣先は、派遣先の責に帰すべき事由により、労働者派遣契約の契約期間が満了する前に労働者派遣契約の解除を行おうとする場合は、派遣労働者の新たな就業機会の確保を図ることとし、これができないときには、少なくとも当該労働者派遣契約の解除に伴い派遣元事業主が当該労働者派遣に係る派遣労働者を休業させること等を余儀なくされたことにより生じた損害の賠償を行わなければならないこととする。例えば、派遣元事業主が当該派遣労働者を休業させる場合は休業手当に相当する額以上の額について、派遣元事業主がやむを得ない事由により当該派遣労働者を解雇する場合は、派遣元による解除の申入れが相当の猶予期間をもって行われなかったことにより派遣元事業主が解雇の予告をしないときは30日分以上、解雇の予告をした日から解雇までの期間が30日に満たないときは当該解雇の日の30日前の日から当該予告の日までの日数分以上の賃金に相当する額以上の額について損害の賠償を行わなければならないこととする。その他派遣元事業主と十分に協議した上で適切な善後処理方策を講ずることとする。また、派遣元事業主及び派遣先の双方の責に帰すべき事由がある場合には、派遣元事業主及び派遣先のそれぞれの責に帰すべき部分の割合についても十分に考慮することとする。
派遣元責任者	
派遣先責任者	
就業時間外労働	
就業日外労働	
便宜供与	
紛争防止措置	（職業紹介許可ありの場合） 　労働者派遣の役務の提供の終了後、当該派遣労働者を派遣先が雇用することを希望する場合には、派遣先は派遣元へその旨を事前に通知することとし、派遣元が職業紹介を行うこととする。職業紹介により当該派遣労働者を派遣先が雇用する場合の手数料として、派遣先は派遣元に対して、支払われた賃金額の■%に相当する額を支払うものとする。 （職業紹介許可なしの場合） 　労働者派遣の役務の提供の終了後、当該派遣労働者を派遣先が雇用することを希望する場合には、派遣先は派遣元へその旨を事前に通知することとする。なお、派遣元は職業紹介事業の許可を受けていないことから、当該派遣労働者を派遣先が雇用する場合においても、派遣先は派遣元に対して手数料を支払わないものとする。

大阪労働局ウェブサイトより

36 協定の電子化

従業員を時間外・休日労働させる際に必要な協定

36 協定は、正しくは「労働基準法第36条に基づく時間外労働・休日労働に関する協定届」といいます。**従業員を時間外・休日労働させる際に、会社が労働組合または従業員代表者との間で締結が必要な協定**です。

36協定は、労働基準法により次の必要的記載事項が定められています。

- 労働時間を延長し、または休日に労働させることができることとされる労働者の範囲

- 対象期間

- 労働時間を延長し、または休日に労働させることができる場合

- 対象期間における一日、一箇月および一年のそれぞれの期間について労働時間を延長して労働させることができる時間または労働させることができる休日の日数

- 労働時間の延長および休日の労働を適正なものとするために必要な事項として厚生労働省令で定める事項（特別の事情および回数、限度時間を超えて労働させる場合の手続、特別の事情による延長時間、延長時間に対する割増賃金額等）

法令上、これらが網羅されていれば書式は自由ですが、ほとんどの会社が厚生労働省が定める様式をウェブからダウンロードして作成しています。

届出には労働基準法法施行規則で記名・押印または署名への義務づけが改正されて、2021年4月よりチェックボックス方式となりました。また、e-Gov（イーガブ）のホームページから電子申請も可能です。なお、届出だけでなく会社と労働者との合意を証する協定書としても用いる場合は、記名押印に代わる電子署名を施しておくことが望ましいでしょう。

36協定は、事業所ごとに締結し提出する必要があります。事業所が多ければ多いほど、クラウドサインを利用するメリットも享受できます。

36 協定届の例

東京労働局ウェブサイトより

注文書・注文請書の電子化

電子化で下請法の遵守とコスト削減を両立

「**注**文書」とは、**物品の販売または工事等一定の仕事・事務処理の依頼をする内容の文書**をいいます。注文を引き受けたことを証明するために、注文請書を発行する場合もあります。

注文書への記載内容を検討する場合、関連する法規を把握する必要があります。

たとえば請負工事の発注では、下請代金支払遅延防止法を知っておく必要があります。企業規模（資本金の額）に差がある事業者同士が、請負契約を締結して下請取引を行う場合には、下請法により親事業者となる発注者が下請事業者に対して書面を交付する義務を負います。

ここでいう「親事業者」「下請事業者」の該当基準は、資本金と取引の内容に従って定められています（図を参照）。

親事業者に課された書面交付義務は、請負人が承諾した場合は電磁的記録、すなわち電子ファイルでの交付も認められるため、クラウドサインを使うことができます。

注文書に対応する注文請書もクラウドサイン化すれば、書類が一元管理できて管理も楽になるほか、書面での注文請書の作成時に必要になる収入印紙が不要となり、印紙税コストの削減もできます。

なお、親事業者が発注者に交付する義務を負う、書面・電磁的記録に記載すべき 12 の項目については、公正取引委員会・中小企業庁の『下請取引適正化推進講習会テキスト』に書式例が掲載されています。基本的にはこの書式例を踏襲するかたちで書面を作成すればよいでしょう。

下請法上の元請と下請の定義／注文書の書式例

親事業者と下請事業者の定義

（第2条第1項～第8項）
下請法の対象となる取引は事業者の資本金規模と取引の内容で定義

①物品の製造・修理委託および政令で定める情報成果物・役務提供委託を行う場合

親事業者	下請事業者
資本金3億円超	→ 資本金3億円以下（個人を含む）
資本金1千万円超3億円以下	→ 資本金1千万円以下（個人を含む）

②情報成果物作成・役務提供委託を行う場合（①の情報成果物・役務提供委託を除く）

親事業者	下請事業者
資本金5千万円超	→ 資本金5千万円以下（個人を含む）
資本金1千万円超5千万円以下	→ 資本金1千万円以下（個人を含む）

公正取引委員会・中小企業庁『下請取引適正化推進講習会テキスト』 P93 書式例

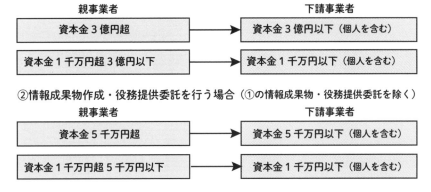

（書式例1）汎用的な3条書面の例（規則で定める事項を1つの書式に含めた場合）

　　　　　　　　　　　　　注　文　書

　　　　　　　　　　　　　　　　　　　令和○年○月○日

＿＿＿＿＿＿＿　　殿

　　　　　　　　　　　　　　　　　　　○○○株式会社

品名及び規格・仕様等

納　期	納入場所		検査完了期日

数量(単位)	単価(円)	代金(円)	支払期日	支払方法

○　本注文書の金額は，消費税・地方消費税抜きの金額です。支払期日には法定税率による消費税額・
地方消費税額分を加算して支払います。

利用規約・プライバシーポリシー

ウェブサービスの同意ボタンの欠点を補う

今後、電子契約の活用が大きく見込まれる分野の1つが、利用規約・プライバシーポリシーでの電子署名の活用です。

これまでのウェブサービス等の利用時は、利用規約やプライバシーポリシーをウェブブラウザ上で閲覧して、「規約に同意する」ボタンをクリックしていました。押印や署名などが求められないため、あまり意識せずにクリックする方も多いのですが、この「事業者から提示された規約を読み、同意ボタンをクリックする」行為は、押印や署名と同様に、れっきとした契約です。

しかしながら、書面に押印や署名をするケースとは異なり、クリックすれば同意できるだけに、自分が「いつ」「どの事業者に対して」「どのような条件で同意したのか」を覚えていない場合がほとんどではないでしょうか。同意した規約をメールで送信するしくみを備えている事業者もありますが、かなりの少数派です。

こうした状況を改善するアイデアの1つが、同意ボタンを電子契約システムに連動させるものです。ユーザーがウェブサービスの「規約に同意する」ボタンをクリックすると、同意日時のタイムスタンプに加えて、その時点の規約文書を改ざんされないよう電子署名でファイルに記録。これを事業者とユーザーのメールアドレスに配信します。こうすることで、規約同意型のスタイルを採用しても、書面等で締結する契約書に近い重みが感じられるはずです。

また、ウェブサービスでよく発生する問題の1つに、事業者が一方的に規約を変更することが挙げられます。改正民法が2020年4月に施行されて、ユーザーに不利益がない変更であれば、事業者はユーザーの同意なく変更することも可能となりました。

こうした改定プロセスで認識の相違によるトラブルが発生しても、同意当時の規約を電子署名しておき、当時の同意内容が明らかになれば、解決に向けた協議の前提が整理しやすくなります。

利用規約のひな形

利用規約のひな形

本利用規約（以下「本規約」と言います。）には、本サービスの提供条件及び当社と登録ユーザーの皆様との間の権利義務関係が定められています。本サービスの利用に際しては、本規約の全文をお読みいただいたうえで、本規約に同意いただく必要があります。

第1条（適用）
1. 本規約は、本サービスの提供条件及び本サービスの利用に関する当社と登録ユーザーとの間の権利義務関係を定めることを目的とし、登録ユーザーと当社との間の本サービスの利用に関わる一切の関係に適用されます。
2. 当社が当社ウェブサイト上で掲載する本サービス利用に関するルール（http://......）は、本規約の一部を構成するものとします。
3. 本規約の内容と、前項のルールその他の本規約外における本サービスの説明等とが異なる場合は、本規約の規定が優先して適用されるものとします。

第2条（定義）
本規約において使用する以下の用語は、各々以下に定める意味を有するものとします。
(1) 「サービス利用契約」とは、本規約を契約条件として当社と登録ユーザーの間で締結される、本サービスの利用契約を意味します。
(2) 「知的財産権」とは、著作権、特許権、実用新案権、意匠権、商標権その他の知的財産権（それらの権利を取得し、またはそれらの権利につき登録等を出願する権利を含みます。）を意味します。
(3) 「投稿データ」とは、登録ユーザーが本サービスを利用して投稿その他送信するコンテンツ（文章、画像、動画その他のデータを含みますがこれらに限りません。）を意味します。
(4) 「当社」とは、【会社の正式な商号】を意味します。
(5) 「当社ウェブサイト」とは、そのドメインが「【本サービスを提供するドメイン名】」である、当社が運営するウェブサイト（理由の如何を問わず、当社のウェブサイトのドメインまたは内容が変更された場合は、当該変更後のウェブサイトを含みます。）を意味します。
(6) 「登録ユーザー」とは、第3条（登録）に基づいて本サービスの利用者としての登録がなされた個人または法人を意味します。
(7) 「本サービス」とは、当社が提供する【ウェブサービス名】という名称のサービス（理由の如何を問わずサービスの名称または内容が変更された場合は、当該変更後のサービスを含みます。）を意味します。

(14)当社、本サービスの他の利用者またはその他の第三者に不利益、損害、不快感を与える行為

雨宮美季・片岡玄一・橋詰卓司『【改訂新版】良いウェブサービスを支える「利用規約」の作り方』（技術評論社, 2019）ひな形より許可を得て一部転載

取締役会議事録

取締役・監査役の同意記録を電子署名でできる

電子署名の推進のブレイクスルーとなったことの1つに、**事業者署名型電子署名が2020年に会社法が定義する「電子署名」に該当すると判断された**ことが挙げられます。

　取締役会に出席した取締役および監査役は、会社法の定めで取締役会議事録に署名または記名押印をする必要があります。さらに、この「署名または記名押印」を電子化するために「電子署名」が必要でした。この電子署名の要件にクラウド利用の事業者署名型が適合するかは不明確でしたが、2020年5月、法務省が主要経済団体に解釈通知を出しました。

　この通知で、法務省は取締役会議事録への電子署名について、取締役会に出席した取締役または監査役の各自が判断したことを示すものとして、その意思に基づいて電子署名の措置がとられていれば、サービス提供事業者が利用者の指示を受けて電子署名を行うサービス（事業者署名型電子署名サービス）が署名または記名押印に代わる措置になることと認められました。

　なお、事業者署名型電子署名のすべてが会社法に適合するとはかぎらないため、注意が必要です。具体的には、参加した取締役・監査役1人ひとりの判断の記録が電子ファイルに記録されているかどうかがポイントになります。

　クラウド型の電子契約サービスの中には、事業者が電子署名を施す際に、その電子署名の指図者が誰であるのかが電子署名データに明示されない（PDF署名パネルに表示されない）ものもあります。そのような仕様のサービスでは、電子署名が上記の解釈通知が示す要件を満たしていないことになります。

取締役会議事録の例

取締役会議事録

令和○年○月○日午前○時○分当会社の本店において，取締役○名（総取締役数○名）及び監査役○名（総監査役数○名）出席のもとに，取締役会を開催し，下記議案につき可決確定の上，午前○時○分散会した。

1　代表取締役選定の件
　取締役○○○○は選ばれて議長となり，今般代表取締役○○○○が取締役の任期満了により代表取締役の資格を喪失し退任することになるので，改めて当会社の代表取締役を選定したい旨を述べ，慎重協議した結果，全員一致をもって次のとおり選定した。
　　なお，被選定者は，席上その就任を承諾した。
　　代表取締役　　○県○市○町○丁目○番○号　　　○○○○

　上記の決議を明確にするため，この議事録を作り，出席取締役及び出席監査役の全員がこれに記名押印する。

　令和○年○月○日
　　　　　　　　　　　　　　　○○商事株式会社
　　　　　　　　　　　　　　　　代表取締役　　　　○○○○
　　　　　　　　　　　　　　　　取締役　　　　　　○○○○
　　　　　　　　　　　　　　　　同　　　　　　　　○○○○
　　　　　　　　　　　　　　　　出席監査役　　　　○○○○

商業登記申請書

商業登記の添付書面としても利用可能に

取締役会議事録にも事業者署名型電子署名が利用可能になり、法務局が受け付ける商業登記申請の実務にも大きな影響を与えました。

商業登記は、書面だけでなくオンラインでも行えます。ただし、その登記変動事項の発生を証明するために、商業登記法・商業登記規則の定めにより法務局から添付書面の提出を求められる場合があります。たとえば、以下のような手続きで添付書面の提出が必要です。

> 本店移転／株主名簿管理人の設置等／株式の発行／
> 新株予約権の発行

これらの添付書面を必要とする登記申請をオンラインで行う場合は、電子ファイルの添付だけではなく、代表取締役と取締役、監査役についても厳格な手続きによる電子証明書を入手して、それぞれが電子署名をする必要がありました。

いまでは登記に関わる司法書士や企業法務の専門家の多くが登記申請をオンラインで行うようになりました。申請件数の約半数がオンラインで行われている一方で、残りの半分が紙の申請のままである理由は、こうした添付書面の電子化に厳格な電子証明書が求められてきたことも一因となっていました。

しかしながら、**2020年6月15日付で法務省が指定する電子証明書リストにクラウドサインが使用する電子証明書も追加**されました。これにより、たとえば本店移転を決議した**株主総会や取締役会の議事録をクラウドサインで作成して、この電子ファイルを添付書面として登記申請することが可能**になりました。

さらに2021年2月15日以降、代表取締役についてマイナンバーカードに格納された電子証明書の利用も認められ、マイナンバーカードとクラウドサインを組み合わせて、登記申請の大幅なスピード向上とコスト削減が可能になっています。

商業登記に利用できる電子契約サービス

以下のクラウド型電子契約サービスは商業登記の添付書面として利用することが可能
（出典：法務省『商業・法人登記のオンライン申請について』）

- Cybertrust iTrust Signature Certification Authority
  （サイバートラスト株式会社）
  ※クラウドサインまたは Great Sign のサービスを利用しているものに限る。

- GlobalSign CA 2 for AATL（GMO グローバルサイン株式会社）
  ※電子印鑑GMOサインまたは WAN-Sign のサービスを利用しているものに限る。

- セコムパスポート for Public ID（セコムトラストシステムズ株式会社）

- DocuSign Cloud Signing CA-SI1（ドキュサイン・ジャパン株式会社）
  ※EU Advanced のサービスを利用しているものに限る。

- GlobalSign CA 3 for AATL（GMO グローバルサイン株式会社）
  ※クラウド契約管理 Sign のサービスを利用しているものに限る。
  ※または OneSpan Sign のサービスを利用し氏名を確認できるものに限る。

- GlobalSign CA 6 for AATL（GMO グローバルサイン株式会社）
  ※電子印鑑 GMO サインのサービスを利用しているものに限る。

- Intesi Group Advanced Cloud Signature CA（INTESI GROUP S.p.A.）
  ※AdobeSign のサービスを利用しているものに限る。

- GlobalSign GCC R6 AATL CA 2020（GMO グローバルサイン株式会社）
  ※電子印鑑 GMO サイン、WAN-Sign、クラウド契約管理 Sign、みんなの電子署名、
  電子取引サービス@Sign、かんたん電子契約 for クラウドのサービスを利用して
  いるものに限る。
  ※または OneSpan Sign のサービスを利用し、氏名を確認することができるものに
  限る。

- JCAN Public CA1 - G4（一般財団法人日本情報経済社会推進協会）
  ※CONTRACTHUB@absonne のサービスを利用しているものに限る。

- NSSOL e-Contract-CA-G1（日鉄ソリューションズ株式会社）
  ※CONTRACTHUB@absonne のサービスを利用しているものに限る。

- Enterprise Premium Public CA
  （三菱電機インフォメーションネットワーク株式会社）
  ※電子取引サービス@Sign のサービスを利用しているものに限る。

第6章
電子契約の
リスクと
対策

電子契約のリスクの全体像

法的紛争リスクと情報セキュリティリスク

電子契約を活用している取引先の話を聞いて、自社での導入を検討しはじめても、「電子契約・電子署名を導入するのは なんとなく不安」と、導入を躊躇する企業は少なくありません。

1章（1-4）でも紹介したように、電子署名が普及する以前からスキャンPDF交換方式の契約に親しんできた国際取引を行うグローバル企業はまだしも、100年以上にわたり書面契約や押印の経験しかなかった一般的な日本企業では、新しく登場した電子契約や電子署名のリスクに対して過剰に反応してしまう傾向があります。

そうした日本企業が、「書面契約／押印」と比較した際に感じる「電子契約／電子署名に対するなんとなくの不安」を丁寧に分解すると、大きく**「法的紛争リスク」と「情報セキュリティリスク」の2つのリスク**に分けることができます。

電子契約に対して最初に抱く懸念は、法的紛争リスクです。書面や押印を契約締結手段に選ばなかったことで、法的紛争が起きやすくなったり、訴訟の際に不利な立場に追い込まれるリスクが高まったりするのではないか、という不安です。

さらに、法的紛争リスクが解消されても、特にクラウド技術に対する情報セキュリティ観点からの懸念も見逃せません。

導入時に法と技術の双方からの検討が必要になる電子契約では、法律には詳しくても技術に弱い法務部門と、技術には明るくても法律は門外漢の情報システム部門との間で、リスク検討のエアポケットに落ちてしまいがちです。

押印でも電子署名でも、それぞれリスクはゼロではなく、強みと弱みがあります。そこで、ここからは書面契約と電子契約を比較しながら契約のリスクについて紹介します。

日本の企業が抱く電子契約への不安

		書面契約／押印に対する信頼	電子契約／電子署名に対する不安
法的紛争リスク	推定効	法＆判例により二段の推定が得られる	法解釈は明らかになったが判例がまだない？
	代理・なりすまし	ハンコを持つ代表者以外は勝手に押印できない	オンラインだとかんたんに無権代理署名できてしまう？
情報セキュリティリスク	機密性	書面を鍵で物理保管すれば漏洩しない	不正アクセスや設定ミスで漏洩事故が多い？
	完全性	押印した契約書はかんたんには改ざんできない	電子データは改ざんが容易？
	可用性	保管場所に行けばアクセス可能	サーバーや通信などの不具合ですぐにアクセス不可になる？

法的紛争リスク1

電子署名でも、押印同様に「推定効」が働くか?

電子契約や電子署名に対する不安として、企業の法務部門のみなさんから指摘される点が、**押印で得られる推定効との比較**です。

紙の書面への印影が、本人の印章の印影と一致する場合、判例[1]により、その印影は本人の押印によるものと推定されます。さらに本人の押印がある文書は、民事訴訟法(228条4項)により、本人の意思で作成され真正に成立したものと推定されます。この「二段の推定」と呼ばれる法理論によって、押印の信頼性は支えられています。

一方、電子文書に電子署名をした場合、電子署名法3条が定めた推定効が得られるかについては、具体的に争われた裁判例がほとんどなく、押印と同様の推定効が発生するのか不安視する声は少なくありませんでした。

この点について、2020年(令和2年)、電子署名法の主務官庁である総務省・法務省・経済産業省が、電子署名法における電子署名の定義や、その有効性に関する解釈を文書で明らかにしました。

これらの文書では、一般論として、**クラウドサインのような「利用者の指示に基づき、利用者が作成した電子文書について、サービス提供事業者自身の署名鍵による暗号化等を行う電子契約サービス」についても、契約締結プロセスにおいて十分な水準の固有性を満たしていると認められる場合、電子署名法3条の電子署名に該当し、真正成立の推定効が認められうると位置づけています。** さらに近年、電子署名の有効性について具体的に争われた裁判例[2]も出はじめています。

急速な電子契約の普及と技術の進展によって、電子署名の推定効への不安が解消されるのは、もはや時間の問題となりつつあります。

※1 最判昭和39年5月12日民集18巻4号597頁
※2 東京地裁令和元年7月10日貸金返還等請求事件判決

電子署名への不安に対し、政府見解が位置づけを明確化

押印の推定効を認める最高裁判例が存在

一段目の推定

> 最高裁判決昭和 39 年 5 月 12 日民集 18 巻 4 号 597 頁抜粋
> 「文書中の印影が本人または代理人の印章によって顕出された事実が確定された場合には、反証がない限り、該印章は本人または代理人の意思に基づいて成立したものと推定するのが相当」

二段目の推定

> 民事訴訟法 228 条
> 文書は、その成立が真正であることを証明しなければならない。（略）
> 4 私文書は、本人又はその代理人の署名又は押印があるときは、真正に成立したものと推定する。

一方、電子署名の推定効については確立した判例がない

一段目の推定

> 現時点で最高裁判例なし

二段目の推定

> 電子署名法 3 条
> 電磁的記録であって情報を表すために作成されたもの（略）は、当該電磁的記録に記録された情報について本人による電子署名（これを行うために必要な符号及び物件を適正に管理することにより、本人だけが行うことができることとなるものに限る。）が行われているときは、真正に成立したものと推定する。

電子署名の活用を促進するため、クラウド型の電子署名のうち、特に「利用者の指示に基づきサービス提供事業者が電子署名を行うサービス」について、総務省、法務省、経済産業省において電子署名法における位置付けの明確化が行われた

【電子署名法 2 条（定義）関係】
利用者の指示に基づきサービス提供事業者自身の署名鍵により暗号化等を行う電子契約サービスに関する Q & A（令和 2 年 7 月 17 日）
https://www8.cao.go.jp/kisei-kaikaku/kisei/imprint/document/200717document

【電子署名法 3 条（真正な成立の推定）関係】
利用者の指示に基づきサービス提供事業者自身の署名鍵により暗号化等を行う電子契約サービスに関する Q & A（電子署名法第 3 条関係）（令和 2 年 9 月 4 日）
https://www8.cao.go.jp/kisei-kaikaku/kisei/imprint/document/200904document

法的紛争リスク 2

日本特有の慣行で発生する「代理・なりすまし」リスク

　　電子契約の法的紛争リスクの 2 つめに、「代理」や「なりすまし」が挙げられます。**契約締結権限がある代表者本人に代わって無権限の従業員が勝手に契約を締結することや、社外の第三者が代表者になりすますリスクに対する不安**です。

　押印の場合、代表取締役の印章は、押印担当者だけがアクセスできる金庫などに保管されています。そもそも、他社のオフィスに侵入すること自体が第三者にはむずかしく、オフィスに入室できる従業員はいても、その印章が格納されている金庫に自由にアクセスすることはできないでしょう。したがって、印章を持ち出されたり、押印担当者自身が悪意を起こしたりしないかぎり、無権代理やなりすましは発生しないものと考えられています。

　これに対し、電子文書に電子署名をする場合は、秘密鍵やそれを利用するためのパスワード・PIN を知る立場であれば、金庫に近づかなくても、いつでもどこでも署名が可能です。このことから、電子契約や電子署名は内部統制が働きにくく、代理やなりすましリスクが高くなると考える向きがあります。

　これらについて、**クラウドサイン**では、

▶認められた従業員以外のアカウント登録を制限する機能

▶会社が定めた承認者の同意がないと契約を送信できない承認権限機能

▶利用者のアクセスや操作内容を記録し監視できる機能

を実装しています。

　いったん物理的に印章を持ち出されると防御策や追跡ができない押印手続きよりも、このような機能を備えた電子契約サービスであればリスクは低い、という見方もできるでしょう。

登録や承認をコントロールして、無権限者の利用を統制

登録や承認をコントロールして、無権限者の利用を統制

登録制限機能

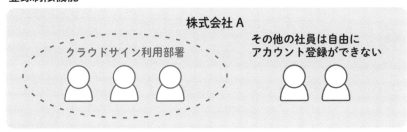

株式会社 A

クラウドサイン利用部署

その他の社員は自由に
アカウント登録ができない

承認権限機能

⭕ 送信できる

契約書等（事前承認） 先方に送るものを承認

送信者　　　　　　　　　　　受信者1　　　　　　　　　　　受信者2
A社 担当者　　　　　　　　　A社 承認者　　　　　　　　　　B社 担当者

申込書等（事後承認） 内容の不備がないかを確認の上で承認

送信者　　　　　　　　　　　受信者1　　　　　　　　　　　受信者2
A社 担当者　　　　　　　　　B社 担当者　　　　　　　　　　A社 承認者

❌ 送信できない

承認者がフローにいない

送信者　　　　　　　送信できません　　　　　　受信者
A社 担当者　　　　　　　❌　　　　　　　　　　B社 担当者

情報セキュリティリスク 1

暗号技術とオプション機能で機密性を担保する

機 密性とは、アクセス権限を持つ者以外が情報にアクセスできない状態が維持されていることをいいます。この**機密性に対する主な脅威は「漏洩」**となります。

書面の場合、契約書を書庫などに物理保管して、鍵をかけて持ち出せないようにしておけば、情報漏洩が起きない安心感があります。ただし、書類を書庫から取り出して運ぶ際、機密性を守る術が限定される欠点もあります。

これに対して、電子契約の場合は、保存データはもちろん、通信経路も暗号化することで、大量のデータでも安全に保管して送受信でき、ハッカーの侵入や内部者の情報持ち出しを防ぐことができます。しかし、閲覧権限やパスワードの設定ミスなどにより、第三者に情報漏洩する事故が起きるのではないか、という不安はつきまといます。

たしかに世間を騒がした不正アクセス事件では、情報をデジタル化したために大量の情報が外部に拡散したということは否定できません。しかし、書面契約を作成して押印するまでの過程で Word ファイルや電子メール、チャットなどのデジタルツールを利用する現代では「押印済みの契約書を物理保管しているから、電子文書より機密性が高い」というのはフィクションにすぎません。

また、書庫単位で「鍵をかける」「かけない」の 2 つの選択肢しかない書面契約と比較して、電子ファイルごとやデータごとにアクセス制限が可能な電子契約のほうが機密性を維持しやすい面も見逃せません。

クラウドサインでは、CRYPTREC 電子政府推奨暗号リストで推奨される技術を利用し、通信とデータ双方を保護するとともに、多様なセキュリティオプションを提供して、機密性を担保しています。

クラウドサインの機密性を担保するオプション

アカウント登録制限機能

アカウントを持たない従業員が勝手に無料アカウントを作成して契約書の締結を行えないように登録制限

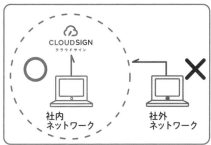

アクセス制限
（IPアドレス制限）機能

登録されていないIPアドレスからのクラウドサインへのアクセスを制限

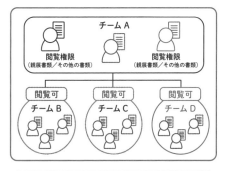

高度な管理機能

クラウドサインを複数チームで契約の場合、必要な管理者にかぎりチームを横断して社内の他チームの書類を閲覧可能に

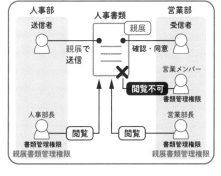

親展機能

送信者と受信者に加えて各チームの「親展書類管理権限」を持つ者だけが閲覧や管理を行える

情報セキュリティリスク2

完全性で押印よりも優位な電子署名

「**完**全性」とは、情報が正確なまま保護されている状態が維持されていることをいいます。この**完全性に対する主な脅威は「改ざん」**になります。

　紙の文書の場合は、契約書のように袋とじをして押印することで、その文書中に記載された文字は改ざんされない建前があります。

　しかし、契約書の印影の入手はかんたんです。不動産取引で詐欺を働く地面師と呼ばれる犯罪集団は、印影から印章を偽造することが知られています。2019年8月5日付の日本経済新聞報道によると、仙台家庭裁判所の書記官が、審判書に裁判官の押印がないことを隠そうとして、正しく押印された別の書面から印影を写し取り、書類を偽造する事件も発生しました。これらの例からもわかるように、文書からの印影の把握は容易です。

　近年は、スキャナや3Dプリント技術も発達し、印影から印章を作成することもかんたんになっているため、完全性を維持する手段としてのハンコの信頼性は、相当に低下していると言えます。

　これに対し、電子文書も、何らの対策も講じていないWordファイルやPDFなどでは、改変は容易に可能です。しかし、4章(4-2)で解説した公開鍵暗号の技術を用いた電子署名を施すことにより、第三者による改変を技術的に防ぐことができ、署名パネルを確認すれば、署名後に文書が変更されていないことが一目瞭然です。

　電子署名に用いられる公開鍵暗号は、高性能な演算能力を持つコンピューターを使って計算をしても破ることができない技術を採用しており、さらに、4章(4-5)で述べた**長期署名により、その暗号強度を更新**することができます。このような技術に守られた電子署名付きファイルが改ざんされる可能性はほぼゼロといえ、押印とは比較にならない高い完全性が実現されます。

署名パネルで文書が改変がないことを確認

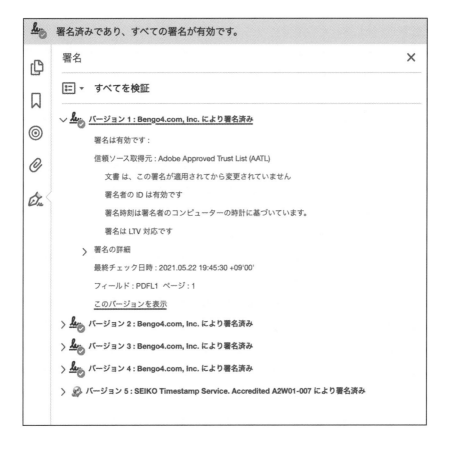

署名済みであり、すべての署名が有効です。

署名　　　　　　　　　　　　　　　　　　　　　　　　　　　　✕

すべてを検証

∨ バージョン1：Bengo4.com, Inc. により署名済み

　　署名は有効です：

　　信頼ソース取得元：Adobe Approved Trust List (AATL)

　　　　文書 は、この署名が適用されてから変更されていません

　　　　署名者の ID は有効です

　　　　署名時刻は署名者のコンピューターの時計に基づいています。

　　　　署名は LTV 対応です

　　> 署名の詳細

　　最終チェック日時：2021.05.22 19:45:30 +09'00'

　　フィールド：PDFL1 ページ：1

　　このバージョンを表示

> バージョン2：Bengo4.com, Inc. により署名済み

> バージョン3：Bengo4.com, Inc. により署名済み

> バージョン4：Bengo4.com, Inc. により署名済み

> バージョン5：SEIKO Timestamp Service. Accredited A2W01-007 により署名済み

情報セキュリティリスク 3

可用性も電子契約が圧倒的に優位

可用性とは、その情報へのアクセス権限を持つ者であれば、その情報はいつでも利用可能な状態で維持されていることをいいます。**可用性に対する主な脅威は「アクセスの停止」**です。

書面の場合、保管場所と環境に配慮すれば、紙の耐用年数は洋紙で 100 年ともいわれます。しかし火事や風水害などに弱く、押印して唯一無二の原本を作成する以上、完全に同一の契約書は複製できません。アクセスできる場所も原本保管場所に限定されます。

一方で、電子文書の場合は、データを保存する媒体を適切にメンテナンスさえしていれば、保存期間に制限はありません。クラウド技術の進展により、サーバ稼働率は Amazon Web Services などで 99.9% を超えるまでになりました。さらに、災害や設備の事故に備えて、完全にオリジナルと同一のデータをバックアップとして作成、保存できるのも、電子文書の特徴です。

クラウドサインは、日本国内で関東圏と関西圏の 2 つのデータセンターで相互にバックアップするマルチリージョン構成とすることで、一般的なクラウドサービスよりも可用性を高めています。

ここまで法的紛争リスクと情報セキュリティリスクの 2 つの観点から書面契約と電子契約のリスクを比較し分析してきました。電子契約の特徴をまとめると、以下のとおりになります。

▶ 法的紛争リスクに対し、電子契約でも推定効に関する法解釈の整理と判例が積み重なり、無権代理やなりすましリスクを低減する技術的措置が充実しはじめている

▶ 情報セキュリティリスクに対し、電子契約は機密性担保に一部の課題が残るが、完全性と可用性について明らかな優位性がある

クラウドサインはマルチリージョンで可用性を担保

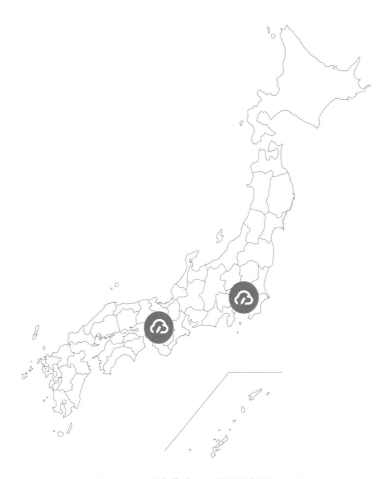

クラウドインフラ事業者との特別な契約により、距離の離れた関東圏のデータセンターと関西圏のデータセンターのクラウドサーバー上で相互にバックアップを行っている

第7章 電子契約と法律

「印章」「判子」「印影」「印鑑」の違い

電子署名は、デジタル社会で押印を置き換える重要な技術ですが、**紙の文書に行う押印に関する法律用語**を押さえておくと、電子文書に行う電子署名を理解しやすくなります。

まず、法律用語としての「押印」を正確に理解するために、次ページの表から「印章」「判子」「印影」「印鑑」の定義を確認しましょう。

▶「押印」とは、文字どおり印を押すことで、印章を用いて印影をつくる行為（捺印はその古い言い回し）

▶「印章（判子）」を用いて押印した結果が「印影」であり、「印鑑」はその照合に用いる

「押印」と「印章」の関係は上記のようになります。

日常生活では、印章や判子のことを「印鑑」と呼ぶケースが多いと思います。しかし、本来はこのような使い分けがあり、法的には印章による「印影」がもっとも重要な意味を持ちます。

契約締結の場面でしばしば遭遇する「実印」と「認印」の定義についても確認しておきましょう。

日本では株式会社の設立時に登記が必要ですが、会社設立登記の際に法務局に提出する印が「実印」です。一方で、実印とは異なり、印鑑証明の提出を求められない一般的な書類に押印するための印も使います。これが「認印」と呼ばれるものです。

民事訴訟法上は、認印を重要な書類に押印しても有効とされ、証拠としても通用します。つまり実印も認印も、その法的効果に大きな違いはありません。ただし、実印の場合、公的機関である法務局や自治体から印鑑証明書を発行してもらえるため、その印影は本人が所有する印章によるものであることを証明しやすくなります。

その他では、特に契約関連書類で用いられる印に関する用語として、「契印」「割印」「消印」「捨印」も確認しておきましょう。

押印にまつわる用語

用語	読み方	定義
押印	おういん	作成者の意思により作成された書類であることを証するため、作成者の印を押す行為
捺印	なついん	古くからある法令で用いられる「押印」の旧来の言い回し
印章	いんしょう	印材を成型し文字を刻んで作成した押印に用いる道具本体
判子	はんこ	印章の通称
印影	いんえい	紙に印章を押すことで付着する跡
印鑑	いんかん	取引先等に提出され相手方が照合に用いる印影
実印	じついん	法人設立時に法務局に印影を提出し、印鑑証明の交付を受けることができる印章の通称
認印	みとめいん	実印以外の、印鑑証明の交付を受けることができない印章の通称
契印	けいいん	書類の各ページが後で差し替え・抜き取りされないよう、書類の綴り目に押す印
割印	わりいん	複数の書類を作成する際、内容が関連することを証明するため、書類をまたいで押す印
消印	けしいん	書類に収入印紙を貼付して印紙税を納付する際に、印紙の再使用を防止するために押す印
捨印	すていん	後日訂正箇所が見つかったときに訂正印を押す手間を省くため、あらかじめ欄外に押す印

押印との比較で理解する電子署名の法的効力

押 印の法的効力を規定しているのは、民事訴訟法228条4項です。公務員ではない一般の個人・法人が作成した文書を「私文書」といいますが、私文書に押印があると「その文書は印影に対応する印章を保有する本人の意思で作成された」と推定されます。これは通常、印章は施錠された棚や金庫などに大切に管理され、本人だけしか使用できないという推定に基づくものです。推定を2回重ねて法的効力を認めることから、このことを「二段の推定」と呼ぶこともあります（6-2参照）。

なお、押印以外の手段として「署名」もあります。これは手書きで氏名をサインする方法です。「署名または押印」と併記される条文のように、本人の直筆の署名で残る筆跡は、押印でできる印影と同一の関係なので、同じ法的効力が認められます。

このような押印や署名の推定効を覆すには、契約の相手方が、それを覆すのに十分な証拠を出して反論しなければならなくなります。

以上の推定効の重みを理解したうえで、これと電子署名とを対応させて考えてみましょう。「電子署名」の効力は、民事訴訟法に対応して定められた電子署名法3条で規定されています。電子ファイルに電子署名があれば、押印と同様に「その電子文書が公開鍵と対応する秘密鍵を保有する本人の意思で作成された」と推定されます。

つまり、**電子署名とは、紙と押印で行うことをデジタルの世界に置き換えるために、**

▶印章の代わりに秘密鍵

▶印影の代わりに公開鍵

▶印鑑証明書の代わりに電子証明書

を使って電子文書に「証」を残して、本人が行ったものと立証できるようにしたしくみと捉えると、わかりやすいのではないでしょうか。

紙文書への押印と電子文書への電子署名との比較

紙文書への押印	電子文書への電子署名
民事訴訟法 228 条 4 項 私文書は、本人又はその代理人の署名又は押印があるときは、真正に成立したものと推定する。	**電子署名法 3 条** 電磁的記録であって情報を表すために作成されたもの（略）は、当該電磁的記録に記録された情報について本人による電子署名（略）が行われているときは、真正に成立したものと推定する。
金庫等に保管する印章	IC カード等に格納する秘密鍵
印章と一対の印影	秘密鍵と一対の公開鍵
印影と印鑑証明書の一致により 印章の持ち主＝本人の意思に基づく 紙文書の真正成立を推定	公開鍵と電子証明書の一致により 秘密鍵の持ち主＝本人の意思に基づく 電子文書の真正成立を推定
印鑑証明書	電子証明書

電子契約と電子署名法1

電子署名に求められる2つの機能

電子署名法（電子署名及び認証業務に関する法律）は、署名や押印に代わる<u>電子署名とは何かを定義し、その電子署名に添付される電子証明書の認証を行う事業（サービス）を規律する法律</u>です。

具体的には、以下を定める法律となっています。

▶ 本人によって「電子署名」が施された電子文書について、本人の意思に基づき作成されたものとして、真正な成立の推定効を与える

▶ 利用者を認証し電子証明書を発行することを業（サービス）として行う「認証業務」について、国による認定制度を定める

具体的には、次ページの表のような章・条立てで構成されています。

この法律で特に重要なのが、電子署名法2条1項に定義される、電子署名に必要な機能要件についての定めです。

▶ 電子署名法2条1項1号　作成者表示機能

▶ 電子署名法2条1項2号　改変検知機能

この要件の1つめは、「電子署名を施すことで、文書に表現された意思を誰が示そうとしたのかを表示する機能」を指します。2つめは、「電子署名を施した後に文書の内容に変更が加えられていないことがわかる機能」です。この2つが電子署名に必要だと法律で定められています。

クラウドサインは、この2つの要件を満たしていますが、日本で提供される電子契約サービスの中には、両方の機能を備えている電子契約サービスばかりではなく、どちらか一方だけしか備えていないサービスや、どちらも備えていないサービスもあります。

1章（1-7）で、当事者署名型と事業者署名型の2つの電子署名のタイプを説明しました。特にクラウドを使った事業者署名型では、2条1項1号の作成者表示機能が提供されないサービスも少なくないので注意が必要です。

電子署名法が求める機能に沿った電子契約サービスの分類

電子署名法の全体構造

章	条
第1章	総則　第1条・第2条
第2章	電磁的記録の真正な成立の推定　第3条
第3章	特定認証業務の認定等　第4条〜第16条
第4章	指定調査機関等　第17条〜第32条
第5章	雑則　第33条〜第40条
第6章	罰則　第41条〜第47条

電子署名法2条の要件と電子契約サービスの分類

	改変検知機能あり （法2条1項2号○）	改変検知機能なし （法2条1項2号×）
作成者表示機能あり（法2条1項1号○）		電子ファイル上に擬似的な印影等を画像として記録・表示するだけの電子契約サービス
作成者表示機能なし（法2条1項1号×）	PDF署名パネルに事業者名のみ記録・表示する電子契約サービス	電子ファイル上には何も記録せず事業者のサーバー上に記録を残す電子契約サービス

電子契約と電子署名法2

「作成者表示機能」が求められる理由

電 子署名法2条1項1号は、2号の「改変検知機能」とあわせて、**誰の意思で電子文書が作成されたかを表明させる「作成者表示機能」を電子署名の要件にしています**。この意味を押印と比較して考えます。

　たとえば、東京都港区六本木4−1−4に住む山田太郎さんと契約を結ぶ場合、契約書を山田さんの上記の住所宛てに郵送して、数日後に契約書が返送されて「山田太郎之印」という赤い朱肉の印影が押されていれば、山田さんが契約書に書かれた内容に同意する意思をもって押印し、押印後に書面の内容が改変されていない、と通常は考えてよいでしょう。

　しかし、この契約について紛争が発生して訴訟となり、上記のやりとりを知らない裁判官が「本当に山田さんが本人の意思で契約書に押印したか」を確認する場合、裁判官はその契約書に残った印影と山田さんが所有している印章の印影の2つを照合します。それらが一致すれば、印章を所有する山田さん本人が、契約の意思をもって印影を残したと推定できるからです（6-2を参照）。

　電子署名での契約では、印影の代わりに秘密鍵で暗号化し、公開鍵を使って復号する「ハッシュ値」が一致するかを照合します。電子署名から公開鍵を使って復号したハッシュ値が、電子文書から求められるハッシュ値と一致すれば、山田さんが公開鍵に対応する秘密鍵を持って電子署名をしたと推定でき、電子署名後に改変もされていないことが確認できるしくみです（4-2「公開鍵暗号方式」を参照）。

　ただし電子署名は印影と異なり、ハッシュ値だけを見ても、山田さんがその文書を作成したのかはわかりません。そこで電子署名法は、電子署名に作成者表示機能を要求して、その署名データが誰の意思で付与されたかを表明させるのです。

　なお、押印について印鑑証明書付きの実印を用いなくても推定効が認められるのと同様に、電子署名でも作成者名義の電子証明書付き電子署名を用いなくても（事業者名義の電子証明書でも）推定効は認められます。

押印と電子署名との対応関係

押印の場合

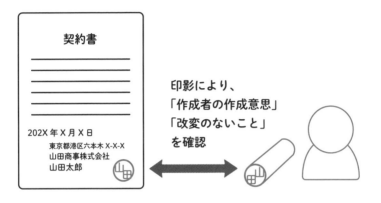

印影により、
「作成者の作成意思」
「改変のないこと」
を確認

電子署名の場合

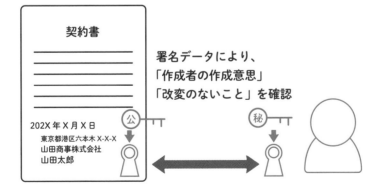

署名データにより、
「作成者の作成意思」
「改変のないこと」を確認

認証業務・特定認証業務・認定認証業務の違い

押 印の場合、本当に山田さんが所有する印章による印影かを慎重に確認したいと相手が要求すれば、山田さんは法務局や自治体で印鑑証明書を発行してもらい、相手に提出します。

これに対し、**電子署名では、印鑑証明書に代わるものとして「電子証明書」があります。そして、この電子証明書を第三者の立場で発行するサービスが「認証業務」**です。

日本では、個人が契約に用いる電子署名の認証業務は、民間事業者も提供可能です。そしてこの民間認証業務の品質の良し悪しをはかる物差しとして、電子署名法施行規則が技術的安全基準を定めました。この基準に準拠するかたちで提供される認証業務は「特定認証業務」と呼ばれ、その中でも、主務大臣の認定を受けた特定認証業務が「認定認証業務」と呼ばれます。

なお、認証業務を提供するにあたり、主務大臣の認定を受けることや電子署名法施行規則に定める基準を満たすことは、法律上の義務ではありません。したがって、特定認証業務でも認定認証業務でもない、いわば「無印の認証業務」を提供することも可能です。

「主務大臣の認定を受けた認定認証業務によって発行された電子証明書がない電子署名は、法的効力がない・低いのでは？」と誤解されがちです。しかし、**印鑑証明書のない押印でも契約が有効であるのと同様に、電子署名に第三者の認証のもとで発行した電子証明書がなくても、本人が行ったことを証明すれば、法的効力は認められます。**

もちろん、主務大臣の審査のもとで提供されている認定認証業務で発行される電子証明書があれば、安心感を与える材料となります。ただし、利用者全員がその認証を受けるとなると、相応のコストや手間が発生します。必要に応じて認証業務を使い分けることが重要です。

認証業務・特定認証業務・認定認証業務と電子署名の関係

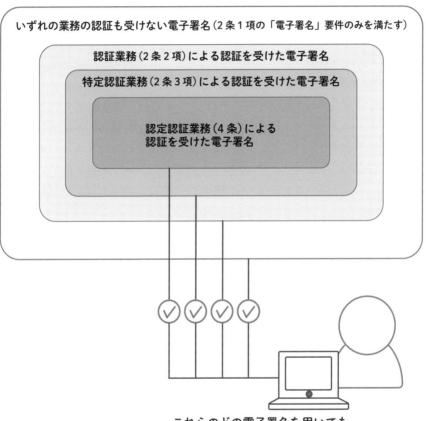

いずれの業務の認証も受けない電子署名（2条1項の「電子署名」要件のみを満たす）

認証業務（2条2項）による認証を受けた電子署名

特定認証業務（2条3項）による認証を受けた電子署名

認定認証業務（4条）による
認証を受けた電子署名

これらのどの電子署名を用いても
「本人による電子署名（3条）」が実施可能

本人を認証し、電子証明書を発行する認証業務には

○ **認定認証業務**

○ **特定認証業務**

○ **無印の認証業務**

の3パターンがあるが、こうした認証業務の認証を受けないタイプの
電子署名もあり、そのいずれでも法的に有効な電子署名が可能。

電子署名と電子サイン

法令上定義されていない「電子サイン」の語で生じた混乱

「クラウドサインは電子署名ではなく、電子サインですよね？」という質問を受けることがありますが、これは誤った認識です。

2015 年にクラウドサインが日本でサービスを開始し、事業者署名型電子契約サービス（1-7 参照）が普及しはじめると、「事業者署名型は、電子署名法が定義する『電子署名』には該当せず、法的効力が不確かな、いわば『電子サイン』である」と説明する事業者や専門家が現れました。

電子署名という語については、電子署名法 2 条 1 項に定義されています。一方で、この<u>「電子サイン」という語については、法律上の定義がありません</u>。そのため、利用者にも混乱が広がりました。

このような電子署名の定義に関する混乱を整理するため、2020 年 7 月に総務省・法務省・経済産業省は Q&A 形式の公式見解を出しました。

▶ 技術的・機能的に見て、サービス提供事業者の意思が介在する余地がなく、利用者の意思のみに基づいて機械的に暗号化されたものであることが担保されていると認められるもの

▶ サービス提供事業者に対して電子文書の送信を行った利用者やその日時等の情報を付随情報として確認できるものなど、電子文書について行われた当該措置が利用者の意思に基づいたことが明らかになるもの

以上であれば、事業者署名型であっても、電子署名法が定義する電子署名に該当すると示しました。

さらに 2021 年 2 月に、上記 Q&A の見解を踏まえた**産業競争力強化法第 7 条第 3 項の規定に基づく回答（グレーゾーン解消制度）により、クラウドサインが電子署名法 2 条 1 項の電子署名に該当するという公式見解**も出され、クラウドサインが法律上の「電子署名」であることが明確になりました。

産業競争力強化法第7条第3項の規定に基づく回答（グレーゾーン解消制度）

確認の求めに対する回答の内容の公表

1．確認の求めを行った年月日
　　令和3年1月15日

2．回答を行った年月日
　　令和3年2月5日

3．新事業活動に係る事業の概要
　　照会者は、電子契約サービス「クラウドサイン」を国の契約書、請書その他これに準ずる書面、検査調書等への押印を代替する用途として提供することを新規事業として検討している。
　　「クラウドサイン」は、従来紙と印鑑を用いて行なっていた契約をクラウドサーバー上で締結可能とする、クラウド型電子契約サービスであり、下記手順により契約締結を行う。

　①契約当事者の一方（以下「送信者」という。）が、PDFファイル形式の書類をアップロードし、他の当事者（以下「受信者」という。）の宛先（氏名・電子メールアドレス等）を入力、署名などの場所を指定して内容を確認後、画面上の送信ボタンをクリックする。
　②「クラウドサイン」から受信者のメールアドレス宛てに、送信者から契約締結依頼があったことを知らせるメールと、書類確認のためのクラウド上の画面にアクセス可能となる専用のURLが配信される。
　③受信者はこれをクリックすることでクラウド上の画面にアクセスでき、その文書の内容を確認して画面上の同意ボタンをクリックする。
　④③の同意後、照会者の意思を介在することなく自動的に当該PDFファイルに電子署名が付加される。

4．確認の求めの内容
（1）電子契約サービス「クラウドサイン」を通じてPDFファイル形式の書類をアップロードし、契約当事者が同意することは、契約事務取扱規則第28条第2項に規定する方法による「電磁的記録の作成」に該当し、契約書、請書その他これに準ずる書面、検査調書、見積書等の作成に代わる電磁的記録の作成として、利用可能であることを確認したい。

（2）電子契約サービス「クラウドサイン」を用いた電子署名が、電子署名及び認証業務に関する法律（平成12年法律第102号）（以下「電子署名法」という。）第2条第1項に定める電子署名に該当し、これを引用する契約事務取扱規則第28条第3項に基づき、国の契約書が電磁的記録で作成されている場合の記名押印に代わるものとして、利用可能であることを確認したい。

5．確認の求めに対する回答の内容
（1）についての回答
　　電子契約サービス「クラウドサイン」を通じてPDFファイル形式の書類をアップロードし、契約当事者が同意することは、契約事務取扱規則第28条第2項に規定する方法による「電磁的記録の作成」に該当し、契約書、請書その他これに準ずる書面、検査調書、見積書等の作成に代わる電磁的記録の作成として、利用可能と考える。

総務省
https://www.soumu.go.jp/main_content/000731573.pdf

法務省
http://www.moj.go.jp/content/001340748.pdf

経済産業省
https://www.meti.go.jp/policy/jigyou_saisei/kyousouryoku_kyouka/shinjigyo-kaitakuseidosuishin/press/210205_yoshiki.pdf

電子契約に関する判例1

電子署名の真正性が争点の1つとなった裁判例

平成の間、日本では電子契約や電子署名の有効性や真正性について具体的に争われた裁判例は存在しないとされました。しかし**令和に入り、電子契約に施した電子署名の真正性を争った裁判例が現れはじめてい**ます。その1つが、東京地裁令和元年7月10日 貸金返還等請求事件判決です。

東証一部上場企業H社とその取引先であるM社が、9億9千万円を貸付上限とする相互極度貸付契約を双方電子署名を用いて締結し、貸付を実行。その後、貸付金返済に関する準消費貸借契約およびコンサルティング契約を両当事者の実印を用いて締結したものの、M社が利息の支払いを怠ったことで期限の利益を喪失し、H社が支払いを求めました。

裁判でM社は、相互極度貸付契約の電子署名について、

「本件相互極度貸付契約書上の被告M名下の電子署名は、原告（H）が被告Mに無断で行ったものである」

と、債務がないことを主張しましたが、裁判所は、契約はM社の意思に基づく電子署名で有効に締結されている、と債務の存在を認定しました。

「被告Mは、太陽光発電を行うための資金として、原告（H）から合計7億1205万2275円の送金を受け（略）、その後、同送金に係る金員が本件相互極度貸付契約に基づく貸金であることを前提とする本件清算合意に応じた上、（略）上記金員の残金である本件旧債務を目的とする本件準消費貸借契約の締結に応じたものであって、本件相互極度貸付契約が存在することを前提とした行動を一貫して取っていたのであるから、本件相互極度貸付契約書上の被告M名下の電子署名は、被告Mの意思に基づくものであると認めるのが相当である。」

これは、あくまで地方裁判所の裁判例であるため、先例としての価値は限定的ですが、電子署名を用いた契約締結前後の状況から、電子証明書等の検証を求めることもなく電子署名の真正性を裁判所が認めた貴重な裁判例といえます。

電子署名の真正性が争点の1つとなった裁判例

M社名下の電子署名は
H社が無断で行ったもの
と主張

相互極度貸付契約

資本関係の解消に伴い

H社

東証一部上場

M社

一時H社が子会社化後に
資本関係解消

電子契約に関する判例 2

電子メールやクラウドサインを証拠として提出した実例も

　私たちが日々ビジネスで利用している通常の**電子メールが証拠として提出され、それにより契約の意思があったことが認められた裁判例**があります（東京地裁平成 25 年 2 月 28 日業務委託料請求事件）。

　この事件は、

▶メールで広告物の発注がなされたと主張する原告（広告業者）

▶当該メールは偽造されたものであると主張する被告（発注者）

という双方の主張による争いでした。

　この裁判では、裁判官はメールが偽造されたことをうかがわせる証拠はないことなどを理由として、

「成立に争いがある原告を作成者とするメールの写しについては、成立の真正が認められるというべきである」

と断じています。

　このように、**一般的な電子メールが証拠採用される裁判例が存在すること**に照らせば、**電子契約はデジタル署名技術等を用いて改ざんがないことを技術的に立証しやすく、証拠として問題視されることは考えにくい**といえます。

　裁判所に対して、クラウドサインで締結した電子契約を証拠として提出した実例も複数あります。一例として、債権の仮差押申立てで行われる裁判官との審尋で、クラウドサインで締結した契約に基づいた請求債権の説明時に、電子契約のしくみを説明して裁判官に理解してもらい、仮差押の発令に至った事案がありました。

　このような事例を積み重ねていくことで、電子契約に対する信頼性も確固なものになるでしょう。

電子メールの真正性が争点の1つとなった裁判例

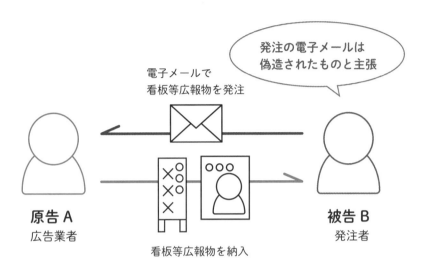

第8章 電子契約と税務

電子契約と印紙税

電子契約には収入印紙は不要

電子契約と紙の契約書との大きな違いとして、**「印紙税」が不課税になり、コスト削減できるメリット**があります。

印紙税は収入印紙で納付する税金ですが、なぜ同じ契約の証しとなる文書にもかかわらず、紙の契約書だと印紙税がかかり電子契約では印紙税がかからないのか。その理由を理解するために、前提となる印紙税法を知っておく必要があります。

契約書に収入印紙を貼ることで納税を行う義務は、印紙税法2条および3条に定められています。この印紙税法の2条には、「文書（略）の作成者は、その作成した課税文書につき、印紙税を納める義務がある」という規定があります。

どのような文書が法令上の課税文書に当たるかは、国税庁が右ページに抜粋した「印紙税額一覧表」にまとめています。この課税文書を「作成」したかどうかが、課税のポイントとなっています。

ここで、課税文書の「作成」とは何か、さらに詳細なルールを定めた印紙税法基本通達44条があります。この通達によれば、「用紙等に課税事項を記載し行使する」つまり紙の書面に契約内容を書いて「交付」することが、課税文書の作成行為になります。

一方、電子データは紙ではなく、送信は行いますが「交付」はしません。したがって、電子契約（データ）を締結（送信）することは、課税文書の作成に該当しないことになります。**電子契約を締結しても、課税文書を作成したことにならないため、印紙税は課税されない**というわけです。

なお、電子契約をプリントアウトしたとしても、電子データの複製物（コピー）にすぎないので、プリントアウトした電子契約に印を押すなどしないかぎり、課税物件には該当しません。

このことは、国税庁ウェブサイトに掲載された税務当局見解や国会答弁などでも明確に述べられています。

印紙税額一覧表

番号	文書の種類（物件名）	印紙税額（1通又は1冊につき）	主な非課税文書
1	**1　不動産、鉱業権、無体財産権、船舶若しくは航空機又は営業の譲渡に関する契約書** （注）　無体財産権とは、特許権、実用新案権、商標権、意匠権、回路配置利用権、育成者権、商号及び著作権をいいます。 （例）　不動産売買契約書、不動産交換契約書、不動産売渡証書など **2　地上権又は土地の賃借権の設定又は譲渡に関する契約書** （例）　土地賃貸借契約書、土地賃料変更契約書など **3　消費貸借に関する契約書** （例）　金銭借用証書、金銭消費貸借契約書など **4　運送に関する契約書** （注）　運送に関する契約書には、傭船契約書を含み、乗車券、乗船券、航空券及び送り状は含まれません。 （例）　運送契約書、貨物運送引受書など 　上記の1に該当する「不動産の譲渡に関する契約書」のうち、平成9年4月1日から令和4年3月31日までの間に作成されるものについては、契約書の作成年月日及び記載された契約金額に応じ、印紙税額が軽減されています。 　平成26年4月1日から令和4年3月31日までの間に作成されるものについては、右欄のとおりです。 （注）　契約金額の記載のないものの印紙税額は、本則どおり200円となります。	記載された契約金額が 　10万円以下のもの　　　　　　　　　　　　200円 　10万円を超え　100万円以下のもの　　　　400円 　50万円を超え　100万円以下　〃　　　　1千円 　100万円を超え　500万円以下　〃　　　　2千円 　500万円を超え　1千万円以下　〃　　　　1万円 　1千万円を超え　5千万円以下　〃　　　　2万円 　5千万円を超え　　1億円以下　〃　　　　6万円 　1億円を超え　　　5億円以下　〃　　　　10万円 　5億円を超え　　　10億円以下　〃　　　　20万円 　10億円を超え　　50億円以下　〃　　　　40万円 　50億円を超えるもの　　　　　　　　　　60万円 契約金額の記載のないもの　　　　　　　　200円 **【平成26年4月1日～令和4年3月31日】** 記載された契約金額が 　　50万円以下のもの　　　　　　　　　　200円 　100万円を超え　500万円以下　〃　　　　500円 　100万円を超え　500万円以下　〃　　　　1千円 　500万円を超え　1千万円以下　〃　　　　5千円 　1千万円を超え　5千万円以下　〃　　　　1万円 　5千万円を超え　　1億円以下　〃　　　　3万円 　1億円を超え　　　5億円以下　〃　　　　6万円 　5億円を超え　　　10億円以下　〃　　　　16万円 　10億円を超え　　50億円以下　〃　　　　32万円 　50億円を超えるもの　　　　　　　　　　48万円	記載された契約金額が**1万円未満（※）**のもの ※　第1号文書と第3号文書から第17号文書とに該当する文書で第1号文書に所属が決定されるものは、記載された契約金額が1万円未満であっても非課税文書となりません。
2	**請負に関する契約書** （注）　請負には、職業野球の選手、映画（演劇）の俳優（監督・演出家・プロデューサー）、プロボクサー、プロレスラー、音楽家、舞踊家、テレビジョン放送の演技者（演出家、プロデューサー）が、その者としての役務の提供を約することを内容とする契約を含みます。 （例）　工事請負契約書、工事注文請書、物品加工注文請書、広告契約書、映画俳優専属契約書、請負金額変更契約書など 　上記の「請負に関する契約書」のうち、建設業法第2条第1項に規定する建設工事の請負に係る契約に基づき作成されるもので、平成9年4月1日から令和4年3月31日までの間に作成されるものについては、契約書の作成年月日及び記載された契約金額に応じ、印紙税額が軽減されています。 　平成26年4月1日から令和4年3月31日までの間に作成されるものについては、右欄のとおりです。 （注）　契約金額の記載のないものの印紙税額は、本則どおり200円となります。	記載された契約金額が 　100万円以下のもの　　　　　　　　　　　200円 　100万円を超え　200万円以下のもの　　　400円 　200万円を超え　300万円以下　〃　　　　1千円 　300万円を超え　500万円以下　〃　　　　2千円 　500万円を超え　1千万円以下　〃　　　　1万円 　1千万円を超え　5千万円以下　〃　　　　2万円 　5千万円を超え　　1億円以下　〃　　　　6万円 　1億円を超え　　　5億円以下　〃　　　　10万円 　5億円を超え　　　10億円以下　〃　　　　20万円 　10億円を超え　　50億円以下　〃　　　　40万円 　50億円を超えるもの　　　　　　　　　　60万円 契約金額の記載のないもの　　　　　　　　200円 **【平成26年4月1日～令和4年3月31日】** 記載された契約金額が 　200万円以下のもの　　　　　　　　　　　200円 　200万円を超え　300万円以下のもの　　　500円 　300万円を超え　500万円以下　〃　　　　1千円 　500万円を超え　1千万円以下　〃　　　　5千円 　1千万円を超え　5千万円以下　〃　　　　1万円 　5千万円を超え　　1億円以下　〃　　　　3万円 　1億円を超え　　　5億円以下　〃　　　　6万円 　5億円を超え　　　10億円以下　〃　　　　16万円 　10億円を超え　　50億円以下　〃　　　　32万円 　50億円を超えるもの　　　　　　　　　　48万円	記載された契約金額が**1万円未満（※）**のもの ※　第2号文書と第3号文書から第17号文書とに該当する文書で第2号文書に所属が決定されるものは、記載された契約金額が1万円未満であっても非課税文書となりません。
3	**約束手形、為替手形** （注）1　手形金額の記載のない手形は非課税となりますが、金額を補充したときは、その補充をした人がその手形を作成したものとみなされ、納税義務者となります。 　　　2　振出人の署名のない白地手形（手形金額の記載のないものは除きます。）で、引受人やその他の手形当事者の署名のあるものは、引受人やその他の手形当事者がその手形を作成したことになります。 ①一覧払のもの、②金融機関相互間のもの、③外国通貨で金額を表示したもの、④非居住者円表示のもの、⑤円建銀行引受手形	記載された手形金額が 　100万円以上　200万円以下のもの　　　　200円 　100万円を超え　200万円以下のもの　　　400円 　200万円を超え　300万円以下　〃　　　　600円 　300万円を超え　500万円以下　〃　　　　1千円 　500万円を超え　1千万円以下　〃　　　　2千円 　1千万円を超え　2千万円以下　〃　　　　4千円 　2千万円を超え　3千万円以下　〃　　　　6千円 　3千万円を超え　5千万円以下　〃　　　　1万円 　5千万円を超え　　1億円以下　〃　　　　2万円 　1億円を超え　　　2億円以下　〃　　　　4万円 　2億円を超え　　　3億円以下　〃　　　　6万円 　3億円を超え　　　5億円以下　〃　　　　10万円 　5億円を超え　　　10億円以下　〃　　　　15万円 　10億円を超えるもの　　　　　　　　　　20万円 　　　　　　　　　　　　　　　　　　　　200円	1　記載された手形金額が10万円未満のもの 2　手形金額の記載のないもの 3　手形の複本又は謄本
4	**株券、出資証券若しくは社債券又は投資信託、貸付信託、特定目的信託若しくは受益証券発行信託の受益証券** （注）1　出資証券には、投資証券を含みます。 　　　2　社債券には、特別の法律により法人の発行する債券及び相互会社の社債券を含みます。	記載された券面金額が 　500万円以下のもの　　　　　　　　　　　200円 　500万円を超え　1千万円以下のもの　　　1千円 　1千万円を超え　5千万円以下　〃　　　　2千円 　5千万円を超え　　1億円以下　〃　　　　1万円 　1億円を超えるもの　　　　　　　　　　　2万円 （注）　株券、投資証券については、1株（1口）当たりの払込金額に株数（口数）を掛けた金額を券面金額とします。	1　日本銀行その他特定の法人の作成する出資証券 2　譲渡が禁止されている特定の受益証券 3　一定の要件を満たしている額面株式の株券の無効手続に伴い新たに作成する株券

国税庁『印紙税の手引き（令和3年5月）』より抜粋

電子帳簿の保存義務

電子契約の保存義務を定める電子帳簿保存法

法人税法では、納税義務に関連して、所得税および法人税を納税する企業が電子取引を行った場合は、原則7年間の帳簿書類の保存を義務づけています。

ここでいう「帳簿書類」には、会計帳簿や決算書類はもちろん、相手方から受け取る取引に関連した注文書や契約書などを含むとされています。

しかし、そこまで広範な書類をすべて紙で保存しておくのは、オフィススペースや紙文書を収納する什器のコストを考えても大変な負担です。また、企業での会計業務がコンピュータ化されネットワーク化が進むと、わざわざ電子文書を紙に印刷して保存することがかえって手間になり、資源の無駄にもつながります。

こうした社会の要請から、1998年に電子帳簿保存法（電子計算機を使用して作成する国税関係帳簿書類の保存方法等の特例に関する法律）が施行され、紙での保存を原則としながら、部分的な帳簿書類の電子化が認められるようになりました。

特に、**クラウドサインのように紙書類を作成せずにインターネット技術を用いてやりとりする電子契約は、税務上の用語で「電子取引」と整理されました**。また、2005年の電子帳簿保存法改正では、電子取引に関するデータの保存義務が規定されました。

こうして**一定の要件を満たせば、電子契約は紙に印刷せずに、データのまま保管してよいことが明確化**されました。

電子帳簿の保存義務

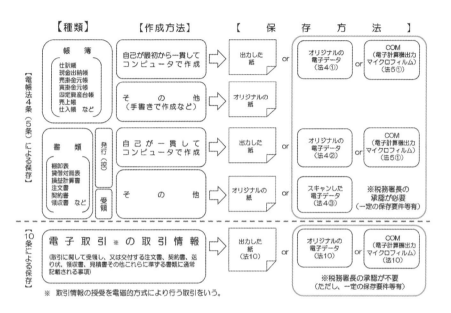

国税庁『電子帳簿保存法一問一答【電子取引関係】（令和2年6月）』2ページより

電子帳簿保存法1

電子取引データの真実性確保

電子帳簿保存法施行規則が施行されてしばらくの間、真実性確保の手段として、国税庁は原則として電子取引について全ファイルへの認定タイムスタンプの付与を求めていました。

認定タイムスタンプとは、「認定タイムスタンプを利用する事業者に関する登録制度」に基づいて一般財団法人日本データ通信協会が認定したタイムスタンプのことをいいます。しかし、この認定タイムスタンプを付与するには相応のコストがかかるだけでなく、タイムスタンプを検証するシステム構築や維持コストも利用者の負担になります。

そこで、**2020年10月1日付でこの施行規則を改正し、タイムスタンプを付与しない次のような取り扱いであっても、真実性確保の手段として認める**ことになりました。

▶記録事項について訂正削除の履歴が残るか、そもそも訂正削除ができないシステムを利用する

▶記録事項について訂正および削除を防止する社内規程を定める

クラウドサインでは、利用者すべての締結済み電子ファイルに認定タイムスタンプを付与（フリープランについては2020年9月7日以降）しています。電子署名によりクラウド上の契約書ファイルは改変ができないので、「記録事項について訂正削除ができないシステム」にも該当します。

ただし、書面契約から電子契約への移行中の過渡期では、電子契約サービスを利用せず、電子メール等での簡易な合意による電子取引を行うケースや、取引先の都合で電子帳簿保存法の要件を満たさない電子契約サービスを併用するケースもあるはずです。これらに柔軟に対応するためにも、フェイルセーフ策として「記録事項について訂正および削除を防止する社内規程」も作成しておくとよいでしょう。

令和2年（2020年）税制改正でタイムスタンプ付与が不要に

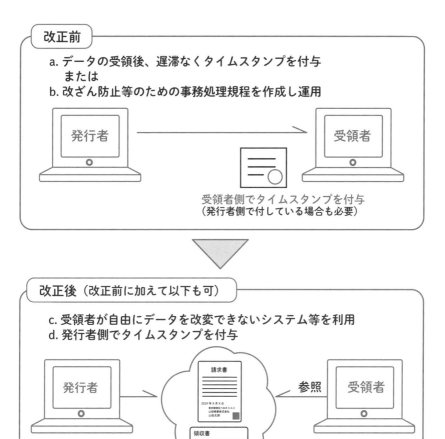

改正前

a. データの受領後、遅滞なくタイムスタンプを付与
  または
b. 改ざん防止等のための事務処理規程を作成し運用

発行者 → 受領者

受領者側でタイムスタンプを付与
（発行者側で付している場合も必要）

改正後（改正前に加えて以下も可）

c. 受領者が自由にデータを改変できないシステム等を利用
d. 発行者側でタイムスタンプを付与

発行者　クラウドサービス等　参照　受領者

請求書
領収書

決済データ等

クラウドサービス等
（ユーザーによるデータ改変ができないことが条件）

アプリ業者等

財務省『令和2年度税制改正』13ページより

電子帳簿保存法2

電子帳簿保存法の見直しでテレワーク推進をめざす

電子帳簿保存のルールについては、社会からの電子化要請を反映して近年は毎年のように見直されてきました。そして、令和3年度税制改正大綱で示された**「電子帳簿保存法」2022年改正の方向性**に、大きな注目が集まっています。

紙の帳簿書類を電子化する「スキャナ保存制度」については、電子取引データの保存要件と比較して、これまではかなり厳格なものでした。

しかし、この改正では、

▶税務署の事前承認義務を撤廃

▶受け取った書類（領収書等）への自署を不要に

▶訂正や削除履歴が残るクラウドサービス等の利用容認

を認める大幅な規制緩和が行われます。

一方で、契約の電子化や電子契約の導入に大きく関係する電子取引のデータ保存制度でも、さらなる緩和が見込まれています。その主なポイントは、検索要件に関する2つのルール変更です。

その1つが、電子化した文書から当局が調査対象とする文書を探し出すための**検索要件の緩和措置**です。現時点では必須機能とされる「範囲指定および項目を組み合わせて」検索できる要件は、電子帳簿保存法上は不要になります。

2つめが、**小規模個人事業主は検索要件を一切不要とする緩和措置**です。ここでいう小規模個人事業主とは、判定期間の売上高が1千万円以下の者をいいます。まったく検索ができない電子契約サービスはほとんどありませんが、タイムスタンプも不要、検索機能も不要になれば、起業直後の電子帳簿保存に関するシステム化投資への負担軽減効果はありそうです。

この令和3年度税制改正大綱を踏まえた改正電子帳簿保存法の施行は、令和4年（2022年）1月1日を予定しています。

テレワーク推進をめざした 電子帳簿保存法の見直し

テレワークの推進やクラウド会計ソフト等の活用による記帳水準の向上のため、電子帳簿で保存する際の手続きを抜本的に簡素化

帳簿

改正前

電子帳簿等の保存

- ●税務署長の事前承認が必要
- ●検索機能や訂正削除履歴を備えた信頼性の高いシステムしか認められず、低コストなクラウド会計ソフト等の利用者は紙での保存が必要

改正後

- ☐ 税務署長による事前承認を廃止
- ☐ モニター、説明書の備え付けなど最低限の要件を満たす電子帳簿（正規の簿記の原則にしたがって記帳されたもの）も、電子データのまま保存することが可能
- ☐ 信頼性の高い電子帳簿は、過少申告加算税の5%軽減、青色申告特別控除が65万円になる

受領する請求書等

改正前

書面 ─ スキャナ保存

請求書等　スキャナ　画像データ　タイムスタンプ

電子データ ─ 電子取引に係るデータ保存

電子請求書

取引相手　タイムスタンプ　受領者（保存義務者）

- ●税務署長の事前承認が必要
- ●紙原本による確認が必要なため、その処理で出勤が必要
- ●一定日数内でのタイムスタンプ付与の徹底が困難
- ●保存データに対する高度な検索機能を確保できない場合は紙での保存が必要

改正後

- ☐ **税務署長による**事前承認を廃止
- ☐ 紙原本による確認の不要化（スキャン後、原本の廃棄が可能）
- ☐ 電子データの改ざん等による不正に対して重加算税を10%加算
- ☐ **タイムスタンプ付与までの期間を**最長約2カ月以内に統一
- ☐ **検索要件を**「日付、金額、取引先」に限定。一定の小規模事業者は不要に。

財務省『令和3年度税制改正』13ページより

第9章 電子契約の導入

電子契約に必要な準備

インターネット接続できるデバイスを用意するだけ

電子契約の導入といっても、むずかしくはありません。会社設立時に契約締結の道具として代表取締役の印章（判子）を準備したのと同じく、電子契約を締結する道具を準備すればよいだけだからです。

それでは、電子署名を行うための道具として、何を準備すればよいのでしょうか。クラウド以前の従来型の電子署名では次の3つが必要でした。

▶パソコンやICカードリーダーなどのハードウェア

▶電子ファイルに電子署名を施すソフトウェア

▶本人の電子署名であることを証明する電子証明書（公開鍵と秘密鍵）

たとえば公的個人認証サービスでは、マイナンバーカードに格納した電子証明書を用いて、商業登記の申請や確定申告などの行政手続きをするしくみを提供しています。しかし、専用ソフトウェアのパソコンへのインストールや、マイナンバーカード内の電子証明書を読み取るICカードリーダーも必要です。また、民間事業者が提供する電子認証や電子署名サービスでも、電子署名用のソフトや認証に用いる電子証明書などの準備が必要です。

その一方で、電子ファイルの作成・保存・検索など、多くのサービスがクラウド化され、以前は電子契約で必要だったソフトウェアや電子証明書もクラウドで提供可能になりました。クラウド型電子契約サービスでは、サービス提供事業者と契約してアカウントを作成するだけで、かんたんでスピーディに電子ファイルに電子署名を施すことができます。

クラウド型では、契約書のように複数の当事者が同意や確認をする場合に特に威力を発揮します。契約書のファイルに複数人で電子署名を行う場合、以前は関係者全員がソフトウェアや電子証明書を準備する必要がありました。しかし、インターネットに接続できるデバイスさえあれば、誰でも手軽に電子署名ができるようになったのです。

電子契約で準備するもの

クラウド以前

① パソコン等と
IC カードリーダー

② ソフトウェア

③IC カード等

電子証明書

これらを契約当事者の双方が事前に準備

クラウド以後

① インターネット接続
できるパソコン等

② ソフトウェア

③ IC カード等

電子証明書

電子契約導入の
ステップ

全社導入に向けた社内体制づくりの7ステップ

電子署名への移行で配慮が必要なのは、**契約の電子化を受け入れる社**
内体制の構築で、大きく7つのステップに分けて考えます。

▶ステップ1 「導入目的とゴールの確認」
契約の電子化は、社内の各部署に影響を及ぼします。流行っているからと
いうような曖昧な理由では尻すぼみになりがちです。「従業員の完全リモー
トワーク実現」や「契約締結日数50%削減」というように導入のゴール
を明確にします。

▶ステップ2 「電子契約サービスの比較検討」
定評のあるサービスを比較して、設定した目的が達成できそうか、資料や
試用版、デモなどを担当者自身の目で確認することが重要です。

▶ステップ3 「予算の確保」
クラウド型では利用頻度で見積額も変わりますが、ポイントは紙の契約書で業務
を続けた場合とのコスト比較も行って決裁者の判断を仰ぐことです。契約書送付
にかかる人件費・郵送費・印紙代を削減できれば、よほど高機能な電子契約サー
ビスを選ばないかぎり、紙での契約よりもコストメリットが訴求できるはずです。

▶ステップ4 「社内押印申請フローの整備」
企業の多くは、複数の関係者が書類を回覧して責任者が押印します。これを単純
にデジタルに置き換えず、フロー自体をシンプルにすれば効率化につながります。

▶ステップ5 「社内規程の準備」
従来の押印規程を電子署名に対応させます。電子署名を行うアカウントの管理者
や権限者は誰かを明確化することがポイントです。また、電子帳簿保存法に対応
するため、データの訂正や削除を制限する規程も定めておくとよいでしょう。

▶ステップ6 「導入稟議」
ステップ1からステップ5までの状況をまとめ、公開されている他社導入事例
なども参考資料にして、決裁者に必要性をしっかりと伝えましょう。

▶ステップ7 「アナウンス・マニュアル展開・説明会」
導入の決裁後、社内向けと取引先向けのマニュアルを用意し、説明会も実施でき
れば万全です。電子契約への移行を社内外に宣言することも効果的です。

社内体制づくりの 7 ステップ

Step1 導入目的とゴールの確認

Step2 電子契約サービスの比較検討

Step3 予算の確保

Step4 社内押印申請フローの整備

Step5 社内規程の準備

Step6 導入稟議

Step7 アナウンス・マニュアル展開・説明会

電子契約による
内部統制の強化

契約締結プロセスを細かく記録して否認リスクを低減

電子契約サービスの導入担当者がいちばん調整に苦労して神経を使うのが、**契約書押印業務のワークフローを電子署名へ移行するプロセス**です。

　紙の文書への押印では、法務部が代表者印の押印作業を掌握していれば、各部門の「誰が・いつ・どのような契約を締結するか」を自然と掌握できます。しかし「脱ハンコ」によって事業部門のビジネス推進を加速できる反面、電子署名作業の分散化が進む可能性があり、部門の契約締結行為や契約情報のブラックボックス化や内部統制への不安も生じます。

　この点について、クラウドサインでは内部統制を適切に効かせることが可能です。たとえば、担当者と決裁者が承認しても、内部統制を担う法務部長が承認しないと社外送信ができない機能を提供しています。

　ただし、取引先の契約審査や締結フローまではコントロールできないので注意が必要です。自社内であれば、物品売買契約についての手続きのフローや最終決裁権限が誰にあるのかなどは、社内規程を確認すればわかります。しかし外部からは、取引先の社内承認プロセスや、誰が最終権限を持つのかはわかりません。どんなに電子契約システムが便利でも、相手の社内事情や決裁権者について自動的には把握できないのです。

　このような場合、クラウドサインでは次の 2 つの方法から選択できます。

▶方法 1　あらかじめ受信側の契約担当者から決裁権者の氏名・役職・メールアドレスを確認して、送信先に設定して送信する

▶方法 2　いったん受信者側の契約担当者に「転送許可」設定で送信し、その契約担当者から決裁権者に転送してもらう

　2 つめの転送許可の方法でも、誰へ転送されたのかを含め、契約の承認プロセスが署名パネルに記録されます。電子契約では「複数人の同意への関与」「各人が認証に用いたメールアドレス」「同意の事実」「日時」が記録されるので、権限者 1 人だけの印影しか確認できない紙の契約書と比較して、後々の否認リスクを低減できるのです。

脱ハンコとその影響

これまでセントラル化されていた押印権限とフローが「脱ハンコ」で
分散化すると……

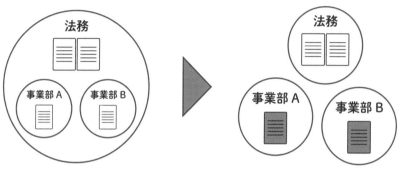

自社の内部統制が働きにくくなり、
契約締結行為と契約情報がブラックボックス化するのでは？という不安も

署名のワークフローをデザインし、内部統制を効かせることが可能

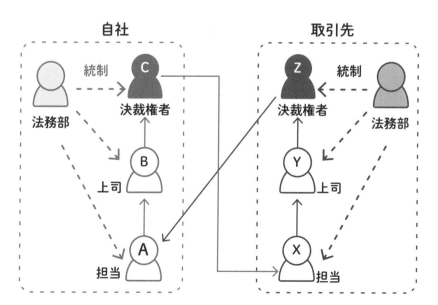

押印廃止プロジェクトの進め方

押印の存続／廃止は「合理性と代替手段」で判断

電子契約へ移行する際の最大の障害は「書面に押印を行う従来の商慣習」です。「時間をかけて移行すればよいのでは？」と考えてしまいがちですが、よくありません。書面契約と電子契約の並存が長期化すれば、紙と電子ファイルの両方を管理し続ける手間やコストに耐えかねて、元に戻る恐れがあるからです。**電子契約への移行を成功させるには、押印廃止をプロジェクト化し、期限を設けて強力に推進する**のがコツです。

この押印廃止プロジェクトを成功させるための参考になる考え方として、内閣府の『地方公共団体における押印見直しマニュアル』のフレームワークを紹介します。このマニュアルでは、押印を存続すべきものと廃止すべきものの分類方法について、「合理性の有無」と「代替手段の有無」の2つの基準を示しており、示唆に富む内容になっています。

書面に押印を求める商慣習が合理的とされてきたのは、①「本人確認（身元確認）の手段」、②「文書作成の真意確認の手段」、③「真正性担保の手段」として、手軽で確実と考えられてきたからです。

しかし、印鑑照合を徹底する場合は別として、押印にこだわるのはナンセンスともいえます。また、たとえば本人確認が必要な取引があったとしても、e-KYC（電子的な本人確認）の手法が発達しつつある現在、押印以外の方法を代替手段にすることも可能です。

このように、**合理性と代替可能性の2つのフィルターを通して、押印が必須となる取引をチェックすれば、企業の多くの押印は廃止できる**はずです。内閣府が行政手続きにおける押印を整理したところ、14,992件のうち42件、全体の0.28%しか押印手続きが残りませんでした。

内閣府の考え方は企業での電子契約の移行でも参考になります。まず、①「相手方の履行能力や社会的信用」、②「契約類型」、③「契約金額」を基準に契約書の分別を行います。次に契約内容に応じて電子メールやPDFファイルの暗号化、電子署名の適切な利用についてマニュアルや規程を作成すれば、従業員も安心して押印廃止に踏み込むことができます。

押印の存続／廃止の判断

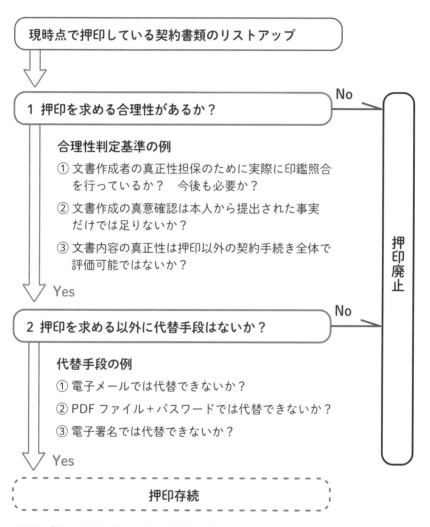

現時点で押印している契約書類のリストアップ

1 押印を求める合理性があるか？　　　　　No

合理性判定基準の例

① 文書作成者の真正性担保のために実際に印鑑照合を行っているか？　今後も必要か？

② 文書作成の真意確認は本人から提出された事実だけでは足りないか？

③ 文書内容の真正性は押印以外の契約手続き全体で評価可能ではないか？

Yes

2 押印を求める以外に代替手段はないか？　　　No

代替手段の例

① 電子メールでは代替できないか？

② PDF ファイル＋パスワードでは代替できないか？

③ 電子署名では代替できないか？

Yes

押印存続

押印廃止

内閣府『地方公共団体における押印見直しマニュアル』
（令和 2 年 12 月 18 日）を参考に一部改変

クラウドサインの
運用実務
Q&A

Q&A 1

クラウドサインが電子署名法にも準拠した法的に有効なサービスであることはわかりましたが、公的な機関で認められた例などはあるのでしょうか?

産業競争力強化法に基づく「グレーゾーン解消制度」を利用し、法令解釈および適用について照会した事例があります。

国と民間との契約締結でクラウドサインを用いることについて、同制度により、電子署名法および契約事務取扱規則に関する規定の解釈及び適用について照会したところ、同法を所管する総務省・法務省・経済産業省および財務省から、令和3年2月5日付で、適法である旨の回答を得ています。

また、民事訴訟においても、クラウドサインで締結された文書が裁判所に提出され、証拠・疎明資料として採用されています。

参考:グレーゾーン解消制度における照会に対し回答しました - 国の行政機関との
　　　契約におけるクラウド型電子契約サービスの提供（経済産業省）
https://www.meti.go.jp/press/2020/02/20210205007/20210205007.html

Q&A 2

クラウドサインで電子契約を締結した場合、契約の「原本」は電子ファイルでしょうか?印刷した紙でしょうか?

電子署名が付与された PDF ファイルが原本となります。

契約当事者全員が合意し、契約締結が完了すると、自動的にクラウドサ

イン上に原本としての PDF ファイルが保管されるほか、それをお知らせするメールにも同一の PDF ファイルが添付されます。

　PDF ファイルは印刷して紙に出力することもできますが、電子署名はあくまで電子ファイルに付与されているものとなりますので、出力した紙はその「写し」として扱われます。

　クラウドサイン上でのファイル管理は、無料アカウントに登録することで可能となります。

Q&A 3

クラウドサインで電子署名をすると、PDF の署名パネルにその証跡が残ることはわかりましたが、これ以外に契約したことを確認できる文書を発行してもらえないでしょうか？

　電子署名が付与された PDF ファイルとは別に、合意締結証明書を発行しダウンロードすることができます。

　合意締結証明書とは、いつ誰がどの書類について合意をしたかということが簡単に確認できるよう、クラウドサインを運営する弁護士ドットコム株式会社が発行する証明書です。

　合意締結証明書には、以下の情報が記録されます。

・送信や同意、転送など締結当事者が行ったアクションと日時
・締結当事者の名称およびメールアドレス
・締結当事者が利用した認証方法

　クラウドサインで締結した PDF 文書の左下には、ユニークな書類 ID が付与されています。合意締結証明書にも同じ書類 ID が記載されていま

すので、書類 ID を照合することにより、合意締結された「書類のファイル」と「合意締結証明書」の組み合わせを確認することができます。

クラウドサインにアカウントがある場合のみ、発行およびダウンロードが可能です。アカウントをお持ちでない方（書類の受信者）は、クラウドサインにアカウント登録することでダウンロードが可能になります。

· ·

Q&A 4

クラウドサインでは、契約の相手方の認証はどのように行われるのですか？

クラウドサインでは、メールアドレスを用いて送信者・受信者が相互に認証を行います。

送信者がクラウドサインに PDF ファイルをアップロードすると、指定する受信者のメールアドレス宛てに、ランダムに生成されたユニークな URL が生成され、送信されます。

通常、当該 URL をクリックできるのは、当該メールアカウントのアクセス権および管理権限を持つ受信者ご本人となります。これにより、本人を特定します。

このメールアドレスを用いた認証方法に加えて、さらに安全性を高める方法として、アクセスコードやスマートフォンアプリを用いた 2 要素認証を設定することもできます。

Q&A 5

クラウドサインでは、擬似的な印影を付与する「押印」の機能がありますが、これにはどのような意味がありますか？

クラウドサインの「押印」は、法的な意味はなく、日本の一般的な商慣習に合わせて設けられた任意の機能です。

この擬似的な「押印」により、電子契約した文書を印刷した場合など、同意済み文書であることが目視しやすくなるなどの効果はありますが、これをしなくとも、送信者が送った PDF ファイルを受信者が確認し同意することにより、PDF ファイルに当事者の同意を示す改変不可能な電子署名が付与されます。

なお、「押印」機能による付加的な画像データは、法的な証拠力とは関係ありません。

Q&A 6

両者で合意した契約締結日より、クラウドサインの署名パネルで確認できるタイムスタンプの日付が後日付になっても、問題はないのでしょうか？

一般的には問題はないものと考えます。

PDF 文書に契約締結日欄を設けてその内容を確認して契約当事者が合意されている場合、通常は、電子署名を施しタイムスタンプされた日付ではなく、当該 PDF 文書上の契約締結日欄記載の日付がその契約の締結日

（契約当事者がその契約書記載内容につき合意した日）と解釈されると考えられます。

　紙の契約書で契約を締結する場合においても、紙文書の契約締結日欄に記載した日付と、実際の押印を行う作業日には、郵送等に日数がかかるなどの理由により、ずれが生じます。電子契約において契約締結日欄とタイムスタンプの日付にギャップが生じるのも、同様です。

Q&A 7

クラウドサインを利用して契約締結する際、どのような文言を記載すればよいですか？

　あくまで一例ですが、以下のような文言を挿入いただくことをご検討ください。

例1：クラウドサインで合意する通常の場合

「本契約の成立を証するため、本書の電磁的記録を作成し、○○○および●●●が合意の後電子署名を施し、各自その電磁的記録を保管する。」

例2：書面とクラウドサインを併用する場合

「本契約の成立を証するため、本書を書面および電磁的記録として作成し、○○○および●●●が合意の後記名押印および電子署名を施し、○○○は書面を、●●●は電磁的記録をそれぞれ保管する。」

Q&A 8

クラウドサインで契約締結後、契約に修正が必要となった場合、修正する方法はありますか？

クラウドサインで締結した契約には、改変不可能な電子署名が施されるため、これを修正することはできません。

修正が必要な場合は、すでに締結した契約を無効にするなどの文言を追記し、修正を反映した契約を再度クラウドサインにより新規に作成して締結し直すか、または修正を合意する旨の契約を締結していただくこととなります。

Q&A 9

クラウドサインを運営する弁護士ドットコムが倒産等した場合、締結した契約はどうなりますか？

国際標準規格「PAdES」方式の長期署名により、電子ファイルの署名検証が可能な状態が10年間保持されるため、倒産等によっても契約が無効になることはありません。

クラウドサインでは、弁護士ドットコム株式会社による電子署名に加え、「保管タイムスタンプ」として、時刻認証事業者が発行するタイムスタンプを付与しています。

これにより、当社が倒産等により法人として消失しても、契約締結日から10年間、文書が改変されていないことを立証するための署名検証を行うことができます。10年経過後も、さらに保管タイムスタンプを追加付

与することで、これを超える期間の保管が可能です。

Q&A 10

パソコンなどの電子機器の操作が苦手なのですが、クラウドサインを利用できるでしょうか？

ヘルプページやチャットにてご案内があるのでご安心ください。

　クラウドサインのヘルプページでは、動画やスクリーンショットなどを交え、パソコンが苦手な方でもご利用いただけるよう、わかりやすく操作をご紹介しています。

　そちらをご覧いただいてもわからない場合は、クラウドサインのチャットサポートをご利用いただけます。

あとがき

　本書執筆中の 2021 年の通常国会において、デジタル改革関連法が可決成立しました。デジタル改革担当大臣に就任する平井卓也大臣は、2021年 5 月 12 日の自身のブログで、所信表明として以下のように述べています。

　「デジタル庁は、誰もがデジタル化の利便性を実感できる、誰一人取り残さない、人に優しいデジタル社会を実現するために、国だけでなく地方や民間・準公共分野も含めた社会全体のデジタル化を牽引する司令塔です。徹底した国民目線に立ちながら、行政サービスを抜本的に向上させて行くため、デジタル庁がデジタル改革の司令塔としての機能を発揮し、未来志向の DX を大胆に推進させる成長戦略の柱を担ってまいります。」

　このデジタル庁による官民一体のデジタル改革の鍵を握ることになるのが、マイナンバー制度とマイナンバーカードです。

　ご存知のない方もまだ多いのですが、実は、マイナンバーカードの IC チップの中には、本書で解説した電子署名を施すための秘密鍵と電子証明書が格納されています。マイナンバーカードは、国と地方自治体が一体となって運営する公的な個人認証制度に基づき発行されたものですから、これを利用して行う電子署名は、押印に例えれば実印に相当する法的効力を持ちます。つまり、マイナンバーカードが広く国民に普及したあかつきには、公的機関に保証された電子署名を、誰もが利用できる環境が整うことになるわけです。

　1990 年代後半に爆発的に普及し始めたインターネットが、2000 〜 2010 年代に企業のビジネスのあり方を一変させたことに異論のある方はいらっしゃらないと思いますが、これからの 2020 年代は、電子署名がインターネットの普及に次ぐインパクトを日本全体にもたらすと、クラウドサインは考えています。マイナンバーカードの普及で電子署名がより身近なものとなり、民間企業における事務作業が大きく効率化されるだけでなく、これまで書面・対面・押印原則のもと行われてきた行政サービスのすべてが、マイナンバーカードによる電子署名と電子認証技術を活用し、デジタル化されていくことが確実になったからです。

クラウドサインも、電子契約サービスの普及に尽力してきた者として、日本における電子署名文化の浸透を引き続き担っていくとともに、マイナンバーという唯一の公的個人認証制度をコアとしたデジタル社会の構築を加速すべく、マイナンバーカード署名をクラウドベースでより便利に活用するための連携サービスの提供等も予定しています。

　本書をお読みくださった皆さまが、所属される組織・団体のデジタル・トランスフォーメーション（DX）のパートナーとしてクラウドサインを選択してくださり、日本の官民完全デジタル化推進チームの輪に1日も早く加わっていただけることを願ってやみません。

2021 年 6 月
弁護士ドットコム株式会社

あ

か

弁護士ドットコム クラウドサイン

弁護士ドットコム株式会社は、世界中の人達が「生きる知恵＝知的情報」をより自由に活用できる社会を創り、人々が幸せに暮らせる社会を創造するため、「専門家をもっと身近に」を理念として、人々と専門家をつなぐポータルサイト「弁護士ドットコム」「税理士ドットコム」「BUSINESS LAWYERS」、Web完結型クラウド契約サービス「クラウドサイン」を提供。

クラウドサインとは　　　https://www.cloudsign.jp/

「クラウドサイン」は、「紙と印鑑」を「クラウド」に置き換え、契約作業をパソコンだけで完結できる Web 完結型クラウド契約サービスです。全てがクラウド上で完結するため、契約締結のスピード化とコスト削減を実現します。電子契約機能には、「いつ・誰が・どの契約に合意したか」を証明する厳格な電子署名とタイムスタンプを付与しています。リモートワークの環境下においても契約書の証拠力を担保しながら、事業活動に重要となる円滑な契約業務を可能にします。2015 年の提供開始以来、累計契約送信件数 500 万件以上の実績をもつ電子契約サービスです。

※数値は 2021 年 4 月末時点

超図解 クラウドサイン入門
ゼロから学べる電子契約導入・運用のポイント

2021 年 6 月 30 日　初版第 1 刷発行

編　者 —— 弁護士ドットコム クラウドサイン
©2021 Bengo4.com,Inc
発行者 —— 張 士洛
発行所 —— 日本能率協会マネジメントセンター
〒 103-6009　東京都中央区日本橋 2-7-1　東京日本橋タワー
TEL 03 (6362) 4339 (編集) ／ 03 (6362) 4558 (販売)
FAX 03 (3272) 8128 (編集) ／ 03 (3272) 8127 (販売)
https://www.jmam.co.jp/

装丁／本文 DTP —— サイトウ企画デザイン室
編集協力　　 —— サイトウ企画
印　刷　　　 —— シナノ書籍印刷株式会社
製本所　　　 —— 株式会社新寿堂

ISBN978-4-8207-2926-6　C3032
落丁・乱丁はおとりかえします。
PRINTED IN JAPAN